Mein Märchenschatz der Brüder Grimm

Illustriert von
Verena Körting

Loewe

FSC
www.fsc.org
MIX
Papier | Fördert gute Waldnutzung
FSC® C020353

ISBN 978-3-7432-1861-1
2. Auflage 2024
veränderte Neuausgabe

Umschlag- und Innenillustrationen: Verena Körting
Umschlaggestaltung: Elke Kohlmann

Druck und Bindung: NEOGRAFIA, a.s.,
Sucianska 39A, 03861 Martin-Priekopa, SLOWAKEI
produktsicherheit@loewe-verlag.de

www.loewe-verlag.de

Inhalt

Aschenputtel 9
Der Froschkönig oder der eiserne Heinrich 21
Frau Holle 29
Rumpelstilzchen 35
Schneewittchen 41
Dornröschen 55
Hänsel und Gretel 63
Rotkäppchen 77
Der Wolf und die sieben Geißlein 83
Das tapfere Schneiderlein 89
Schneeweißchen und Rosenrot 103
Die sieben Raben 113
Die Bremer Stadtmusikanten 119
Die Sterntaler 125
Hase und Igel 129
Hans im Glück 135
Daumesdick 143
König Drosselbart 153
Der gestiefelte Kater 161
Das Lumpengesindel 169
Rapunzel 173
Brüderchen und Schwesterchen 179
Tischlein, deck dich, Goldesel und Knüppel aus dem Sack 191

Aschenputtel

Die Frau eines reichen Mannes wurde sehr krank. Als sie fühlte, dass ihr Ende herankam, rief sie ihre einzige Tochter zu sich ans Bett und sprach: „Liebes Kind, bleib immer lieb und gut, dann wird dir der liebe Gott beistehen und ich werde vom Himmel aus hinunterschauen und bei dir sein.“ Daraufhin schloss sie die Augen und verschied.

Das Mädchen ging jeden Tag hinaus zu dem Grab ihrer Mutter, weinte und blieb lieb und gut. Als der Winter kam, deckte der Schnee ein weißes Tuch auf das Grab und nachdem die Sonne es im Frühjahr wieder herabgezogen hatte, heiratete der Mann eine andere Frau.

Die neue Frau brachte zwei Töchter mit ins Haus, die schön und ordentlich aussahen, aber im Herzen garstig und böse waren. So begann eine schlimme Zeit für die arme Tochter des Mannes.

„Soll die dumme Gans etwa bei uns in der Stube sitzen?“, zeterten die Schwestern. „Wer Brot essen will, muss es sich verdienen. Hinaus mit der Küchenmagd!“ Sie nahmen dem Mädchen die schönen Kleider weg, zogen ihm einen grauen alten Kittel an und gaben ihm hölzerne Schuhe.

„Seht einmal, die stolze Prinzessin, wie elegant sie aussieht!“, riefen die Schwestern, lachten und schickten das Mädchen in die Küche. Dort musste sie von morgens bis abends schwer arbeiten: Sie stand früh am Morgen auf, holte Wasser, zündete das Feuer an, kochte und wusch. Zusätzlich fügten ihr die Schwestern alles nur denkbare Herzeleid zu, verspotteten sie und schütteten zahlreiche Erbsen und Linsen in die Asche vor dem Herd, sodass sie sich hinknien und die Körner wieder trennen musste. Abends, wenn sie sich müde gearbeitet hatte, gab es für sie kein Bett. Stattdessen musste sie sich neben dem Herd auf den Boden legen. Weil sie darum immer staubig und schmutzig war, nannten alle anderen sie nur noch *Aschenputtel.*

Eines Tages wollte der Vater auf einen großen Markt gehen. Darum fragte er seine beiden Stieftöchter, was er ihnen mitbringen solle.

„Schöne Kleider", sagte die eine. „Perlen und Edelsteine", verlangte die zweite.

„Und du, Aschenputtel", fragte er. „Was willst du haben?"

„Vater, den ersten Zweig, der dir auf dem Heimweg an den Hut stößt, den sollst du für mich abbrechen."

Der reiche Mann kaufte für die beiden Stiefschwestern schöne Kleider, Perlen und Edelsteine. Als er auf dem Rückweg durch einen grünen Wald ritt, streifte ihn ein Haselzweig und stieß ihm den Hut weg. Da brach er den Zweig ab und nahm ihn mit. Zu Hause angekommen, gab er den Stieftöchtern, was sie sich gewünscht hatten und Aschenputtel den Zweig von dem Haselbusch. Aschenputtel dankte ihm, ging zu dem Grab ihrer Mutter und pflanzte den Zweig darauf. Dann weinte sie so sehr, dass ihre Tränen auf ihn niederfielen und ihn gossen.

Der Zweig wuchs und wurde zu einem schönen Baum. Aschenputtel ging jeden Tag dreimal darunter durch, weinte und hoffte. Jedes Mal flatterte ein weißes Vöglein auf den Baum und wenn sie einen Wunsch aussprach, warf ihr das Vöglein herab, was sie sich gewünscht hatte.

Es begab sich aber, dass der König ein Fest veranstalten wollte, das drei Tage dauern sollte. Dazu lud er alle schönen Frauen im Land ein, damit sich sein Sohn unter ihnen eine Braut aussuchen konnte.

Als die beiden Stiefschwestern hörten, dass sie auch eingeladen waren, wurden sie sehr fröhlich, riefen Aschenputtel und befahlen: „Kämm uns die Haare, bürste uns die Schuhe und mach uns die Schnallen fest, wir gehen zur Hochzeit auf das Königsschloss." Aschenputtel gehorchte, weinte aber, weil sie auch gern mit zum Tanz gegangen wäre und bat die Stiefmutter, es ihr zu erlauben.

„Aschenputtel!", höhnte diese. „Du bist voller Staub und Schmutz und willst zu dem Fest gehen? Du hast keine Kleider oder Schuhe, aber willst tanzen?" Als Aschenputtel weiter darum bat, sprach sie endlich: „Dort drüben habe ich eine Schüssel Linsen in die Asche geschüttet. Wenn du die Linsen in zwei Stunden wieder herausgelesen hast, darfst du mitgehen."

Das Mädchen ging durch die Hintertür in den Garten und rief:

„Ihr zahmen Täubchen, ihr Turteltäubchen,
all ihr Vöglein unter dem Himmel, kommt und helft mir:
Die guten ins Töpfchen,
die schlechten ins Kröpfchen."

Sofort kamen zwei weiße Täubchen zum Küchenfenster hereingeflogen, danach die Turteltäubchen und schließlich schwirrten und schwärmten alle Vöglein unter dem Himmel ins Haus und ließen sich um die Asche herum nieder. Die Täubchen nickten mit den Köpfchen und fingen zu picken an, pick, pick, pick, pick, und danach begannen auch die übrigen Vögel mit der Arbeit – pick, pick, pick, pick. So lasen sie alle guten Körner in die Schüssel. Kaum war eine Stunde vorbei, waren sie auch schon fertig und flogen wieder hinaus.

Glücklich brachte Aschenputtel die Schüssel zu ihrer Stiefmutter. Sie freute sich und glaubte, sie dürfe nun mit auf den Ball gehen.

Aber die Mutter sprach: „Nein, Aschenputtel, du hast keine Kleider und kannst nicht tanzen, du wirst nur ausgelacht." Als Aschenputtel wieder zu weinen begann, sprach die Mutter: „Wenn du mir zwei Schüsseln voller Linsen in einer Stunde aus der Asche lesen kannst, darfst du mitgehen." Aber für sich dachte sie: „Das schafft das Kind niemals!"

Nachdem die Stiefmutter die zwei Schüsseln Linsen in die Asche geschüttet hatte, ging Aschenputtel erneut durch die Hintertür in den Garten und rief:

„Ihr zahmen Täubchen, ihr Turteltäubchen,
all ihr Vöglein unter dem Himmel, kommt und helft mir:

Die guten ins Töpfchen,
Die schlechten ins Kröpfchen.“

Wieder kamen zwei weiße Täubchen zum Küchenfenster herein, danach die Turteltäubchen und bald schwirrten und schwärmten alle Vöglein unter dem Himmel ins Zimmer und ließen sich um die Asche herum nieder. Und die Täubchen nickten mit ihren Köpfchen und fingen zu picken an, pick, pick, pick, pick, und da begannen auch die übrigen Vögel mit der Arbeit – pick, pick, pick, pick. Geschickt legten sie alle guten Körner in die Schüsseln. Ehe eine halbe Stunde herum war, waren sie auch schon fertig und flogen wieder hinaus.

Glücklich trug das Mädchen auch diese Schüsseln zu ihrer Stiefmutter, freute sich und glaubte, nun dürfe es mit auf den Ball gehen.

Aber die Stiefmutter sprach: „Es hilft dir alles nichts: Du kommst nicht mit, denn du hast keine Kleider und kannst nicht tanzen. Wir müssten uns für dich schämen.“ Daraufhin kehrte sie Aschenputtel den Rücken zu und eilte mit ihren zwei stolzen Töchtern fort.

Da nun niemand mehr daheim war, ging Aschenputtel zum Grab ihrer Mutter unter dem Haselbaum und rief:

„Bäumchen, rüttel dich und schüttel dich,
wirf Gold und Silber über mich.“

Schon warf der Vogel ein gold- und silbernes Kleid zu ihr hinunter und dazu mit Seide und Silber bestickte Schuhe. In aller Eile zog Aschenputtel das Kleid an und ging zu dem Ball.

Ihre Schwestern und die Stiefmutter erkannten sie nicht und glaubten, die Unbekannte müsse eine fremde Königstochter sein, so schön sah sie in dem goldenen Kleid aus. An Aschenputtel dachten sie gar nicht. Sie glaubten, das Mädchen säße daheim und würde Linsen aus der Asche pulen.

Der Königssohn kam ihr entgegen, nahm ihre Hand und tanzte mit ihr. Er wollte mit niemand anderem tanzen als mit ihr. Nie ließ er ihre Hand los und wenn ein anderer sie auffordern wollte, verkündete er: „Das ist meine Tänzerin."

Die beiden tanzten, bis es Abend wurde. Dann wollte sie nach Hause gehen. Der Königssohn jedoch sprach: „Ich komme mit und begleite dich", denn er wollte sehen, zu welcher Familie das schöne Mädchen gehörte. Sie entwischte ihm aber und sprang in das Taubenhaus.

Also wartete der Königssohn, bis Aschenputtels Vater kam und sagte ihm, das Mädchen, das er suche, sei in das Taubenhaus gesprungen. Der Vater dachte: „Ob er etwa Aschenputtel meint?"

Er ließ sich Axt und Hacke bringen, damit er das Dach vom Taubenhaus öffnen konnte, aber es war niemand darin. Als sie danach ins Haus kamen, lag Aschenputtel in ihren schmutzigen Kleidern in der Asche und ein trübes Öllämpchen brannte im Schornstein. Denn Aschenputtel war blitzschnell hinten aus dem Taubenhaus herabgesprungen und zu dem Haselbäumchen gelaufen.

Dort hatte sie das schöne Kleid und die prächtigen Schuhe ausgezogen und aufs Grab gelegt und der Vogel hatte alles wieder mitgenommen. Anschließend hatte sie sich in ihrem grauen Kittelchen in der Küche zur Asche gesetzt.

Am nächsten Tag, als das Fest von Neuem begann und die Eltern und Stiefschwestern wieder fort waren, ging Aschenputtel erneut zu dem Haselbaum und sprach:

„Bäumchen, rüttel dich und schüttel dich,
wirf Gold und Silber über mich!“

Diesmal warf der Vogel ein noch viel herrlicheres Kleid herab als am Tag zuvor. Als sie so prächtig gekleidet auf dem Fest erschien, staunten alle Anwesenden über ihre Schönheit. Der Königssohn aber hatte schon sehnsüchtig auf sie gewartet. Er nahm sie gleich bei der Hand und tanzte nur mit ihr allein. Wenn andere kamen und sie aufforderten, verkündete er: „Das ist meine Tänzerin.“

Als es Abend wurde, wollte sie fort. Wieder ging der Königssohn hinter ihr her, um herauszufinden, in welchem Haus sie wohnte. Doch sie verschwand blitzschnell in dem Garten hinter dem Haus. Darin stand ein schöner großer Baum, an dem die herrlichsten Birnen hingen. Sie kletterte so geschickt wie ein Eichhörnchen zwischen die Äste und der Königssohn wusste nicht, wohin sie verschwunden war.

Er wartete, bis der Vater kam und sprach zu ihm: „Das Mädchen, das ich suche, ist verschwunden und ich glaube, sie ist auf den Birnenbaum gestiegen.“

Der Vater dachte: „Könnte das etwa Aschenputtel sein?“ Diesmal ließ er sich nur die Axt bringen und fällte den Baum, aber es war niemand darauf. Als sie in die Küche kamen, lag Aschenputtel wie am Tag zuvor in der Asche, denn sie war auf der anderen Seite vom Baum herabgesprungen, hatte dem Vogel auf dem Haselbäumchen die schönen Kleider wiedergegeben und ihr graues Kittelchen angezogen.

Am dritten Tag, als die Eltern und Schwestern fort waren, ging auch Aschenputtel wieder zu dem Grab ihrer Mutter und sprach zu dem Bäumchen:

„Bäumchen, rüttel dich und schüttel dich,
wirf Gold und Silber über mich!“

Diesmal warf ihr der Vogel ein Kleid herab, das so prächtig und glänzend war wie kein anderes, das sie jemals zuvor gesehen hatte und die passenden Schuhe dazu waren ganz golden. Als sie in diesem Kleid zu dem Ball kam, wusste niemand der Anwesenden, was er vor Verwunderung sagen sollte. Der Königssohn tanzte ganz allein mit ihr und wenn ein anderer sie aufforderte, verkündete er: „Das ist meine Tänzerin.“

Als es Abend wurde, war es Zeit für Aschenputtel zu gehen. Der Königssohn wollte sie begleiten, aber sie rannte so geschwind, dass er ihr nicht folgen konnte.

Doch er hatte sich einen Trick ausgedacht und die ganze Treppe mit Teer bestreichen lassen. So kam es, dass als sie die Stufen hinabrannte, der linke Schuh des Mädchens daran kleben blieb. Der Königssohn zog ihn ab und betrachtete ihn. Er war klein, zierlich und ganz golden.

Am nächsten Morgen ging er damit zu Aschenputtels Vater und sagte zu ihm: „Keine andere soll meine Braut werden als die, an deren Fuß dieser goldene Schuh passt.“ Da freuten sich die beiden Schwestern, denn sie hatten schöne Füße.

Die ältere ging mit dem Schuh in ihre Kammer und wollte ihn anprobieren. Ihre Mutter begleitete sie. Aber die junge Frau passte mit dem großen Zeh nicht hinein, der Schuh war ihr viel zu klein. Darum reichte ihr die Mutter ein Messer und sprach: „Hau den Zeh ab. Wenn du Königin bist, brauchst du nicht mehr zu Fuß zu gehen." Das Mädchen hieb die Zehe ab, zwängte den Fuß in den Schuh, biss die Zähne gegen den Schmerz zusammen und ging hinaus zum Königssohn. Dieser nahm sie als seine Braut auf sein Pferd und ritt mit ihr los.

Sie mussten aber an dem Grab vorbei. Dort saßen die zwei Täubchen auf dem Haselbäumchen und riefen:

„Rucke di guh, rucke di guh,
Blut ist im Schuh.
Der Schuh ist zu klein,
die rechte Braut sitzt noch daheim."

Da blickte der Prinz auf ihren Fuß und sah, wie das Blut aus dem Schuh herausquoll. Er wendete sein Pferd, brachte die falsche Braut wieder nach Hause und sagte, das wäre nicht die richtige. Darum sollte die andere Schwester den Schuh anziehen.

Jetzt ging diese in ihre Kammer und kam mit den Zehen bequem hinein, aber die Ferse war zu groß. Auch ihr reichte die Mutter ein Messer und sprach: „Hau ein Stück von der Ferse ab. Wenn du Königin bist, brauchst du nicht mehr zu Fuß gehen." Wie zuvor ihre Schwester, hieb das Mädchen ein Stück von der Ferse ab, zwängte den Fuß in den Schuh, biss die Zähne gegen den Schmerz zusammen und ging hinaus zum Königssohn. Er nahm sie als seine Braut auf sein Pferd und ritt mit ihr fort.

Als sie an dem Haselbäumchen vorbeikamen, saßen noch immer die zwei Täubchen darauf und riefen:

„Rucke di guh, rucke di guh,
Blut ist im Schuh.
Der Schuh ist zu klein,
die rechte Braut sitzt noch daheim."

Der Prinz blickte hinunter auf den Fuß der zweiten Schwester. Er sah, wie das Blut aus dem Schuh quoll und an den weißen Strümpfen ganz rot heraufgestiegen war. Abermals wendete er sein Pferd und brachte die falsche Braut nach Hause.

„Das ist auch nicht die richtige", sprach er. „Habt ihr keine andere Tochter?"

„Na ja", sagte der Mann, „von meiner verstorbenen Frau ist noch die kleine, schmutzige Aschenputtel da, aber das kann unmöglich Eure Braut sein." Der Königssohn befahl, dass der Vater sie zu ihm bringen solle. Die böse Stiefmutter versuchte, das zu verhindern und behauptete: „Ach nein, die ist viel zu dreckig, die darf sich nicht sehen lassen."

Der Prinz wollte es aber so und darum blieb ihnen nichts anderes übrig, als nach Aschenputtel zu rufen.

Als sie das hörte, wusch sie sich erst Hände und Gesicht sauber, ging dann hinaus und verneigte sich vor dem Königssohn, der ihr den goldenen Schuh reichte. Damit setzte sie sich auf einen Schemel, zog den Fuß aus dem schweren Holzschuh und steckte ihn in den goldenen. Er saß wie angegossen. Als sie sich in die Höhe aufrichtete und der Königssohn ihr ins Gesicht sah, erkannte er das schöne Mädchen, das mit ihm getanzt hatte. Freudig rief er: „Das ist die rechte Braut." Die Stiefmutter und die beiden

Schwestern erschraken und wurden vor Ärger ganz bleich. Doch der Prinz nahm Aschenputtel aufs Pferd und ritt mit ihr in Richtung Schloss.

Als sie an dem Haselbäumchen vorbeikamen, riefen die zwei weißen Täubchen:

„Rucke di guh, rucke di guh,
kein Blut im Schuh.
Der Schuh ist nicht zu klein,
die rechte Braut, die führt er heim."

Nachdem sie das gerufen hatten, kamen sie beide herabgeflattert und setzten sich auf Aschenputtels Schultern, die eine rechts, die andere links. Dort blieben sie sitzen.

Als die Hochzeit mit dem Königssohn gefeiert werden sollte, kamen die falschen Schwestern. Sie wollten sich einschmeicheln und etwas von ihrem Glück abbekommen.

Während die Brautleute zur Kirche gingen, lief die ältere Schwester an Aschenputtels rechter und die jüngere an ihrer linken Seite. Plötzlich pickten die Tauben jeder von ihnen ein Auge aus. Als sie nach der Zeremonie die Kirche verließen, war die ältere zu Aschenputtels linker und die jüngere zu ihrer rechten Seite. Diesmal pickten die Tauben jeder von ihnen das andere Auge aus. So waren sie also für ihre Bosheit und Falschheit für den Rest ihres Lebens bestraft.

Der Froschkönig oder der eiserne Heinrich

In alten Zeiten, als das Wünschen noch geholfen hat, lebte ein König, dessen Töchter waren alle schön. Aber die jüngste war so wunderschön, dass selbst die Sonne, die doch so vieles gesehen hat, staunte, sobald sie ihr ins Gesicht schien.

Nahe bei dem Schloss des Königs lag ein großer dunkler Wald und dort, unter einer alten Linde, war ein Brunnen. Wenn der Tag sehr heiß war, ging die jüngste Königstochter hinaus in den Wald und setzte sich an den kühlen Brunnenrand. Wenn sie Langeweile hatte, nahm sie eine goldene Kugel mit, warf sie in die Höhe und fing sie wieder auf. Das war ihr liebstes Spiel.

Nun geschah es einmal, dass die goldene Kugel der Königstochter nicht in ihrer Hand landete, sondern auf den Brunnenrand schlug und ins Wasser plumpste. Die Königstochter folgte ihr mit den Augen, aber die Kugel verschwand und der Brunnen war so tief, dass man keinen Grund sehen konnte. Da fing die Königstochter an zu weinen, immer lauter und lauter, und konnte sich gar nicht beruhigen.

Während sie so klagte, rief ihr plötzlich jemand zu: „Was hast du denn, Königstochter, du schreist ja, dass sich ein Stein erbarmen möchte!"

Als sie sich nach dem Besitzer der Stimme umsah, erblickte sie einen Frosch, der seinen Kopf aus dem Wasser streckte.

„Ach, du bist es, alter Wasserpatscher", maulte sie. „Ich weine über meine goldene Kugel, die mir in den Brunnen gefallen ist."

„Sei still und wisch dir die Tränen ab", entgegnete der Frosch. „Ich kann dir helfen. Aber was gibst du mir, wenn ich dein Spielzeug wieder heraushole?"

„Was du haben willst, lieber Frosch", versprach sie. „Meine Kleider, meine Perlen und Edelsteine, auch noch die goldene Krone, die ich trage."

Der Frosch erwiderte: „Deine Kleider, deine Perlen und Edelsteine und deine goldene Krone brauche ich nicht. Aber wenn du mich bei dir aufnimmst, ich dein Freund und Spielkamerad werde und du mir versprichst, dass ich an deinem Tischlein neben dir sitzen, von deinem goldenen Tellerlein essen, aus deinem Becherlein trinken und in deinem Bettlein schlafen darf, dann will ich hinuntersteigen und dir die goldene Kugel wieder heraushollen."

„Ach ja“, sagte sie, „ich verspreche dir alles, was du willst, wenn du mir nur die Kugel wiederbringst.“ Heimlich dachte sie aber: „Was der einfältige Frosch redet! Der sitzt im Wasser bei seinesgleichen und quakt und kann niemals der Freund eines Menschen sein.“

Nachdem er das Versprechen erhalten hatte, tunkte der Frosch seinen Kopf unter und tauchte hinab in den Brunnen. Als er nach einer Weile wieder heraufgerudert kam, hatte er die Kugel im Maul und warf sie ins Gras. Die Königstochter war überglücklich, als sie ihr schönes Spielzeug erblickte, hob es auf und lief damit fort.

„Warte, warte!“, rief der Frosch. „Nimm mich mit, ich kann nicht so laufen wie du.“ Aber was half es ihm, dass er ihr sein *Quak Quak* so laut nachschrie, wie er konnte: Sie hörte nicht darauf, eilte nach Hause und hatte den armen Frosch bald vergessen, der wieder in seinen Brunnen hinabsteigen musste.

Am nächsten Tag, als die Prinzessin sich mit dem König und allen Hofleuten an die Tafel gesetzt hatte und von ihrem goldenen Teller aß, kam, plitsch, platsch, plitsch, platsch, etwas die Marmortreppe herauf. Als es oben angelangt war, klopfte es an die Tür und rief: „Königstochter, jüngste, mach mir auf!“

Sie lief los, um zu sehen, wer draußen war, aber als sie öffnete, saß der Frosch davor. Sofort warf sie die Tür hastig wieder zu, setzte sich zurück an den Tisch und wurde ganz ängstlich. Der König sah, dass ihr Herz gewaltig klopfte und sprach: „Mein Kind, warum fürchtest du dich? Steht etwa ein Riese vor der Tür und will dich holen?“

„Nein“, antwortete sie. „Es ist kein Riese, sondern ein garstiger Frosch.“

„Was will der Frosch von dir?“

„Ach, lieber Vater, als ich gestern im Wald an dem Brunnen saß und spielte, fiel meine goldene Kugel ins Wasser. Weil ich so weinte, hat der Frosch sie wieder heraufgeholt. Und da er es so verlangte, versprach ich ihm, dass er dafür mein Freund werden dürfe. Ich dachte aber nicht, dass er aus seinem Wasser herauskönnte. Jetzt ist er draußen und will zu mir herein.“ Da klopfte der Besucher zum zweiten Mal und rief:

„Königstochter, jüngste,
mach mir auf,
weißt du nicht, was gestern
du zu mir gesagt
bei dem kühlen Brunnenwasser?
Königstochter, jüngste,
mach mir auf.“

Daraufhin sagte der König: „Was du versprochen hast, das musst du auch halten. Geh und mach ihm auf.“ Widerwillig ging die Prinzessin zur Tür und öffnete. Sofort hüpfte der Frosch herein, immer hinter ihr her bis zu ihrem Stuhl. Dort saß er und rief: „Heb mich herauf zu dir.“ Sie weigerte sich, bis es der König befahl.

Als der Frosch auf dem Stuhl war, wollte er auf den Tisch, und als er da saß, sprach er: „Nun schieb mir deinen goldenen Teller näher hin, damit wir zusammen essen können.“ Das befolgte sie zwar, aber man sah, dass sie es nicht gerne tat. Der Frosch ließ es sich gut schmecken, aber die Prinzessin bekam kaum einen Bissen herunter.

Endlich verkündete der Frosch: „Ich habe mich satt gegessen und bin müde. Trag mich in deine Kammer und mach dein seidenes Bett zurecht, wir wollen uns schlafen legen.“

Die Königstochter fing an zu weinen und fürchtete sich vor dem kalten Frosch, den sie sich nicht anzufassen traute und der nun in ihrem schönen, feinen Bettlein schlafen sollte. Der König aber wurde zornig und sprach: „Wer dir geholfen hat, als du in der Not warst, den sollst du danach nicht verachten.“ Wütend packte sie das Tier mit zwei Fingern, trug es hinauf und setzte es in eine Ecke.

Als sie jedoch im Bett lag, kam der Frosch angekrochen und sprach: „Ich bin müde und will so gut schlafen wie du. Heb mich herauf oder ich sag es deinem Vater." Nach diesen Worten wurde sie bitterböse, hob ihn hoch und warf ihn mit aller Kraft gegen die Wand: „Nun wirst du Ruhe haben, du garstiger Frosch."

Doch wer da zu Boden fiel, war kein Frosch mehr, sondern ein Königssohn mit schönen, freundlichen Augen.

Der Königssohn erzählte ihr, dass er von einer bösen Hexe verwünscht worden war und niemand außer ihr ihn von dem Fluch hatte erlösen können. Sie beschlossen, schon am nächsten Tag zusammen in sein Reich zu gehen. Dann schliefen sie ein.

Am anderen Morgen, als die Sonne sie aufweckte, kam ein Wagen herangefahren, bespannt mit acht weißen Pferden, die mit weißen Straußfedern auf den Köpfen und goldenen Zügeln geschmückt waren. Hinten auf der Kutsche stand der Diener des jungen Königs, der treue Heinrich.

Der treue Heinrich war so traurig gewesen, als sein Herr in einen Frosch verwandelt worden war, dass er sich drei eiserne Ketten um sein Herz hatte legen lassen, damit es nicht vor Schmerz und Traurigkeit zerspringen konnte.

Der Wagen sollte den jungen König und die Prinzessin zu seinem Schloß bringen. Darum half der treue Heinrich beiden hinein, stellte sich wieder hintendrauf und war voller Freude über die Erlösung.

Doch als sie ein Stück des Weges gefahren waren, hörte der Königssohn, dass es hinter ihm krachte, als wäre etwas zerbrochen. Er drehte sich um und rief: „Heinrich, der Wagen bricht!“

„Nein, Herr, der Wagen nicht,
es ist ein Band von meinem Herzen,
das da lag in großen Schmerzen,
als Ihr in dem Brunnen saßt
und ein Frosch wart.“

Wieder und wieder krachte es auf dem Weg, und der Königssohn glaubte jedes Mal, der Wagen bräche. Doch es waren nur die Ketten, die vom Herzen des treuen Heinrich absprangen, weil sein König erlöst und glücklich war.

Frau Holle

Eine Frau hatte zwei Töchter. Die eine war freundlich und fleißig, die andere gemein und faul. Die Frau hatte aber die Faule viel lieber, weil sie ihre leibliche Tochter war. Deshalb musste die andere alle Arbeit allein erledigen, während ihre Schwester nichts tat. Täglich musste sie sich an die große Straße neben einen Brunnen setzen und so viel spinnen, dass ihre Finger zu bluten begannen.

Als die Spule einmal ganz blutig geworden war, beugte sie sich damit über den Brunnenrand und versuchte, sie abzuwaschen. Das Ding sprang ihr aber aus der Hand und fiel hinab. Das Mädchen weinte, lief zur Stiefmutter und erzählte ihr von dem Unglück. Die schalt ihre Tochter heftig und war so unbarmherzig, dass sie sprach: „Du hast die Spule hinunterfallen lassen, also hol sie auch wieder herauf."

Daraufhin ging das Mädchen zu dem Brunnen zurück und überlegte, was sie tun sollte. Weil sie so viel Angst vor ihrer bösen Mutter hatte, sah sie keine andere Möglichkeit und sprang in den Brunnen, um die Spule zu holen.

Bei dem Sturz verlor sie die Besinnung. Als sie erwachte und wieder zu sich kam, lag sie auf einer schönen Wiese mit vielen Tausend Blumen. Über ihr schien die Sonne vom Himmel.

Sie lief über diese Wiese und kam zu einem Backofen voll mit Brot. Laut riefen die Brote: „Ach, zieh mich raus, zieh mich raus, sonst verbrenn ich, ich bin schon längst ausgebacken.“ Sie wollte gerne helfen, trat an den Ofen und holte mit dem Brotschieber alle Laibe nacheinander heraus.

Danach ging sie weiter und gelangte zu einem Baum. Der hing voll Äpfel und rief ihr zu: „Ach, schüttel mich, schüttel mich, meine Äpfel sind alle miteinander reif.“ Also schüttelte sie den Baum, sodass die Äpfel herabregneten, bis keiner mehr an den Zweigen hing. Nachdem sie alle zu einem Haufen zusammengelegt hatte, machte sie sich wieder auf den Weg.

Endlich kam sie zu einem kleinen Haus, aus dem eine alte Frau herausschaute. Weil sie so große Zähne hatte, bekam das Mädchen Angst und wollte fortlaufen. Die alte Frau aber rief ihr freundlich zu: „Was fürchtest du dich, liebes Kind? Bleib bei mir. Wenn du alle Arbeit im Haus ordentlich erledigst, soll es dir gut gehen. Du musst nur in meinem Bett die Kissen und die Decke kräftig ausschütteln, sodass die Federn fliegen – dann schneit es auf der Welt. Ich bin die Frau Holle.“

Weil die Alte ihr so herzlich zusprach, fasste sich das Mädchen ein Herz, willigte ein und zog in das Haus. Sie erledigte alles zu Frau Holles großer Zufriedenheit und schüttelte ihr die Decke mit aller Kraft aus, wodurch die Federn wie Schneeflocken umherwirbelten. Dafür hatte sie ein schönes Leben bei der Alten, hörte kein böses Wort und bekam jeden Tag mehr als genug zu trinken und zu essen.

Eine Zeit lang blieb sie bei Frau Holle, doch irgendwann wurde sie traurig. Anfangs wusste sie nicht, was ihr fehlte, bald jedoch merkte sie, dass es Heimweh war. Obwohl es ihr hier viel besser ging als zu Hause, hatte sie doch ein Verlangen dahin. Endlich gestand sie Frau Holle: „Ich habe solche Sehnsucht nach daheim und wenn es mir hier auch noch so gut geht, kann ich nicht länger bleiben. Ich muss wieder hinauf zu meiner Familie.“

Frau Holle sagte: „Es gefällt mir, dass du wieder nach Hause möchtest und weil du mir so artig geholfen hast, will ich dich selbst hinaufbringen.“ Sie nahm das Mädchen an der Hand und führte es vor ein großes Tor. Das Tor öffnete sich und als das Mädchen genau darunterstand, fiel ein gewaltiger Goldregen hinab. All das Gold blieb an ihr hängen, sodass sie über und über damit bedeckt war.

„Das sollst du haben, weil du so fleißig gewesen bist“, sprach Frau Holle und gab ihr auch die Spule wieder, die ihr in den Brunnen gefallen war. Danach schloss sich das Tor und das Mädchen befand sich oben auf der Welt, nicht weit von dem Haus seiner Mutter entfernt.

Als sie in den Hof kam, saß der Hahn auf dem Brunnenrand und rief:

„Kikeriki, kikeriki,
unsere Goldmarie ist wieder hie!“

Sie ging hinein zu ihrer Mutter und weil sie so über und über mit Gold bedeckt war, wurde sie von dieser und ihrer Schwester gut aufgenommen.

Das Mädchen erzählte alles, was ihr geschehen war und als die Mutter hörte, wie sie zu dem großen Reichtum gekommen war, wollte sie der anderen Tochter gerne dasselbe Glück verschaffen. Sie musste sich ebenfalls an den Brunnenrand setzen und spinnen. Damit ihre Spule blutig wurde, stach sie sich in die Finger und griff dazu noch mit der Hand in eine Dornenhecke. Anschließend warf sie die Spule in den Brunnen und sprang sofort hinterher.

Wie zuvor ihre Schwester landete sie auf der schönen Wiese und ging auf demselben Pfad los.

Als sie zu dem Backofen gelangte, schrie das Brot wieder: „Ach, zieh mich raus, zieh mich raus, sonst verbrenn ich, ich bin schon längst ausgebacken.“ Die Faule aber antwortete: „Ich habe nun wirklich keine Lust, mich schmutzig zu machen“, und ging fort.

Bald kam sie zu dem Apfelbaum, der rief: „Ach, schüttel mich, schüttel mich, meine Äpfel sind alle miteinander reif.“ Sie antwortete aber: „Das glaubst du wohl! Es könnte mir einer auf den Kopf fallen“, und marschierte einfach weiter.

Als sie vor Frau Holles Haus kam, fürchtete sie sich nicht, weil sie schon von ihren großen Zähnen gehört hatte und zog sofort bei ihr ein. Am ersten Tag zwang sie sich selbst, war fleißig und hörte auf Frau Holle, wenn diese ihr etwas sagte, denn sie dachte an das viele Gold, das sie bekommen würde. Am zweiten Tag aber fing sie schon an zu faulenzen und am dritten noch mehr. Sie wollte morgens gar nicht aufstehen. Sie machte auch Frau Holles Bett nicht, wie sie es sollte und schüttelte die Decke nicht, sodass keine Federn aufflogen. Das war Frau Holle bald leid und sie beendete ihren Dienst.

Der Faulen war das sehr recht. Sie glaubte, nun würde der Goldregen kommen. Frau Holle führte auch sie zu dem Tor. Als sie aber darunter stand, wurde statt des Goldes ein großer Kessel voll Pech ausgeschüttet. „Das ist zur Belohnung deiner Dienste", sagte Frau Holle und schloss das Tor hinter ihr.

So kam die Faule heim, aber sie war ganz mit Pech bedeckt und als der Hahn auf dem Brunnen sie sah, rief er:

„Kikeriki, kikeriki,
unsere Pechmarie ist
wieder hie."

Das Pech blieb fest an ihr kleben und ließ sich, solange sie lebte, nicht abwaschen.

Rumpelstilzchen

Es war einmal ein armer Müller, der hatte eine schöne Tochter. Nun traf es sich, dass er eines Tages mit dem König sprechen durfte. Um ordentlich anzugeben, behauptete er: „Ich habe eine Tochter, die kann Stroh zu Gold spinnen."

Der König sprach zum Müller: „Das ist eine Kunst, die mir sehr gefällt. Wenn deine Tochter so begabt ist, wie du sagst, bring sie morgen in mein Schloss. Ich will sie auf die Probe stellen."

Als das Mädchen zu ihm gebracht wurde, führte der König es in eine Kammer, die vollgestopft war mit Stroh, gab ihr Rad und Spindel und befahl: „Jetzt mach dich an die Arbeit. Wenn du bis morgen früh dieses Stroh nicht zu Gold gesponnen hast, wirst du sterben." Dann schloss er die Kammer selbst zu und ließ sie darin allein zurück.

Da saß nun die arme Müllerstochter und wusste nicht, was sie tun sollte. Die Wahrheit war, dass ihr Vater gelogen hatte. Sie konnte gar kein Stroh zu Gold spinnen. Ihre Angst wurde immer größer, bis sie irgendwann zu weinen anfing.

Auf einmal ging die Tür auf. Ein kleines Männchen trat herein und sprach: „Guten Abend, Müllerstochter, warum weinst du so sehr?"

„Ach“, antwortete das Mädchen, „ich soll Stroh zu Gold spinnen, dabei kann ich das nicht.“ Da sprach das Männchen: „Was gibst du mir, wenn ich es für dich spinne?“

„Meine Halskette“, sagte das Mädchen. Das Männchen nahm die Halskette, setzte sich vor das Rädchen und schnurr, schnurr, schnurr, dreimal gezogen, war die Spule voll. Dann steckte es eine andere auf und schnurr, schnurr, schnurr, dreimal gezogen, war auch die zweite voll. So ging es die ganze Nacht lang und tatsächlich, am nächsten Morgen war alles Stroh versponnen und alle Spulen voller Gold.

Bei Sonnenaufgang kam auch schon der König. Als er das Gold erblickte, staunte er und freute sich, aber sein Herz wurde nur noch geldgieriger. Er ließ die Müllerstochter in eine andere Kammer voll Stroh bringen, die noch viel größer war und befahl ihr, auch das in einer Nacht zu spinnen, wenn ihr das Leben lieb wäre.

Das Mädchen wusste sich auch diesmal nicht zu helfen und weinte. Da ging abermals die Tür auf. Das kleine Männchen erschien und sprach: „Was gibst du mir, wenn ich dir das Stroh zu Gold spinne?“

„Meinen Ring, den ich an dem Finger trage“, antwortete das Mädchen. Das Männchen nahm den Ring, fing wieder mit dem Rad an zu schnurren und hatte bis zum folgenden Morgen alles Stroh zu glänzendem Gold gesponnen. Der König freute sich über alle Maßen bei dem Anblick. Doch noch immer hatte er nicht genug, sondern ließ die Müllerstochter in eine noch größere Kammer voll Stroh bringen und sprach: „Das musst du in dieser Nacht verspinnen. Gelingt dir dies, sollst du meine Frau werden.“

„Auch wenn sie eine Müllerstochter ist“, dachte er, „eine reichere Frau finde ich auf der ganzen Welt nicht.“

Als das Mädchen allein war, kam das Männlein zum dritten Mal zu ihr und sprach: „Was gibst du mir, wenn ich dir auch diesmal das Stroh spinne?“

„Ich habe nichts mehr, das ich dir geben könnte“, antwortete das Mädchen.

„So versprich mir, dass, wenn du Königin wirst, ich dein erstes Kind bekomme.“

„Wer weiß, wie das noch endet“, dachte die Müllerstochter, wusste sich aber in der Not nicht anders zu helfen. Sie versprach also dem Männchen, was es verlangte und das Männchen spann dafür noch einmal das Stroh zu Gold. Als am Morgen der König kam und alles fand, wie er gewünscht hatte, hielt er Hochzeit mit ihr und die schöne Müllerstochter wurde eine Königin.

Über ein Jahr später brachte sie ein hübsches Kind zur Welt. Da dachte sie bereits gar nicht mehr an das Männchen. Doch plötzlich trat es in ihre Kammer und sprach: „Nun gib mir, was du versprochen hast.“ Die Königin erschrak und bot dem Männchen alle Reichtümer des Königreichs an, wenn es ihr nur das Kind lassen wolle. Aber das Männchen sprach: „Nein, etwas Lebendes ist mir lieber als alle Schätze der Welt.“ Weil die Königin anfing, schrecklich zu jammern und zu weinen, bekam das Männchen Mitleid mit ihr. „Drei Tage will ich dir Zeit lassen“, sprach es. „Wenn du bis dahin meinen Namen herausfindest, darfst du dein Kind behalten.“

Nun rief sich die Königin die ganze Nacht über alle Namen, die sie jemals gehört hatte, in Erinnerung und schickte einen Boten durch das Land, damit er sich überall erkundigte, wie die Menschen denn sonst so hießen. Als am andern Tag das Männchen kam, fing sie an mit Kaspar, Melchior, Walter, und sagte alle Namen, die sie kannte, der Reihe nach auf, aber bei jedem sprach das Männlein: „So heiß ich nicht.“

Den zweiten Tag ließ sie im Nachbarland herumfragen, wie die Leute da genannt würden und sagte dem Männlein die ungewöhnlichsten und seltsamsten Namen vor: „Heißt du vielleicht Rippenbiest oder Hammelswade oder Schnürbein?" Aber es antwortete immer: „So heiß ich nicht."

Am dritten Tag kam der Bote wieder zurück und erzählte: „Neue Namen habe ich keine finden können, aber als ich an einen hohen Berg zu der Waldecke kam, an der Fuchs und Hase sich Gute Nacht sagen, sah ich ein kleines Haus. Davor brannte ein Feuer und um das Feuer sprang ein sehr merkwürdiges Männchen, hüpfte auf einem Bein und schrie:

„Heute back ich,
morgen brau ich,
übermorgen hol ich mir der Königin ihr Kind.
Ach, wie gut, dass niemand weiß,
dass ich Rumpelstilzchen heiß!"

Da könnt ihr euch denken, wie froh die Königin war, als sie den Namen hörte. Als kurz darauf das Männlein hereintrat und fragte: „Nun, Frau Königin, wie heiß ich?", fragte sie erst: „Heißt du Kunz?"

„Nein."

„Heißt du Heinz?"

„Nein."

„Heißt du etwa … Rumpelstilzchen?"

„Das hat dir der Teufel gesagt, das hat dir der Teufel gesagt", schrie das Männlein und stieß mit dem rechten Fuß vor Zorn so tief in die Erde, dass ein großes Loch darin erschien. Dort fiel das Männchen hinein. Über ihm schloss sich der Boden und es ward nie mehr gesehen.

Schneewittchen

Es war einmal mitten im Winter, als die Schneeflocken wie Federn vom Himmel herabfielen, da saß eine Königin an einem Fenster, das einen Rahmen aus schwarzem Ebenholz hatte, und nähte. Und wie sie so nähte und das Schneetreiben beobachtete, stach sie sich mit der Nadel in den Finger. Drei Tropfen Blut fielen in den Schnee. Weil das Rot im weißen Schnee so schön aussah, dachte sie bei sich: „Hätte ich doch ein Kind so weiß wie Schnee, so rot wie Blut und so schwarz wie das Holz an dem Rahmen!“

Bald darauf bekam sie wirklich eine Tochter, die war so weiß wie Schnee, so rot wie Blut und so schwarzhaarig wie Ebenholz. Darum wurde sie Schneewittchen genannt. Kaum war das Kind auf der Welt, starb die Königin. Ein Jahr später nahm sich der König eine andere Gemahlin. Diese war eine schöne Frau, aber eitel und hochmütig und konnte nicht leiden, dass sie an Schönheit übertroffen werden könnte. Sie hatte einen wundersamen Spiegel. Wenn sie vor ihn trat, sich darin anschaute und sprach:

„Spieglein, Spieglein an der Wand,
wer ist die Schönste im ganzen Land?“,

antwortete der Spiegel:

„Frau Königin, Ihr seid die Schönste im Land.“

Dann war sie zufrieden, denn sie wusste, dass der Spiegel die Wahrheit sagte. Schneewittchen aber wuchs heran und wurde immer schöner, und als sie sieben Jahre alt war, war sie so schön wie der klare Tag und schöner als die Königin selbst. Als diese wieder einmal ihren Spiegel fragte:

„Spieglein, Spieglein an der Wand,
wer ist die Schönste im ganzen Land?“,

antwortete er:

„Frau Königin, Ihr seid die
Schönste hier,
aber Schneewittchen ist
tausendmal schöner als Ihr.“

Da erschrak die Königin und wurde gelb und grün vor Neid. Von nun an drehte sich ihr der Magen um, wann immer sie Schneewittchen erblickte – so sehr hasste sie das Mädchen. Neid und Hochmut wuchsen wie ein Unkraut immer höher und dichter in ihrem Herzen, bis sie Tag und Nacht keine Ruhe mehr hatte.

Schließlich rief sie einen Jäger und sprach: „Bring das Kind hinaus in den Wald, ich will es nicht mehr vor meinen Augen sehen. Du sollst es töten und mir Lunge und Leber als Beweis mitbringen."

Der Jäger gehorchte und führte das Mädchen hinaus. Als er das Messer gezogen hatte und Schneewittchens unschuldiges Herz durchbohren wollte, fing sie an zu weinen und flehte: „Ach, lieber Jäger, lass mir mein Leben! Ich will in den wilden Wald laufen und niemals wieder heimkommen."

Weil sie so gutherzig war, hatte der Jäger Mitleid und sprach: „So lauf fort, du armes Kind!" Bei sich dachte er, dass die wilden Tiere sie bald gefressen hätten und doch fühlte er sich, als wäre ein Stein von seinem Herzen fallen, weil er sie nicht zu töten brauchte. Als gerade ein junger Frischling dahergesprungen kam, erstach er ihn, nahm Lunge und Leber heraus und brachte sie als Beweis der Königin mit. Der Koch musste sie in Salz kochen und die boshafte Frau aß alles auf und meinte, es wären Schneewittchens Lunge und Leber gewesen.

Nun war Schneewittchen in dem großen Wald mutterseelenallein. Sie bekam furchtbare Angst, als sie all die vielen Blätter an den Bäumen sah und nicht wusste, wie sie sich helfen sollte. Sie fing an zu laufen, rannte über spitze Steine und durch dichte Dornen. Wilde Tiere sprangen an ihr vorbei, aber sie taten ihr nichts.

Sie lief so lange, wie ihre Beine und Füße sie tragen konnten, bis es immer dunkler wurde und der Abend anbrach. Da sah sie ein kleines Häuschen und ging hinein, um sich auszuruhen.

In dem Häuschen war alles klein, aber so hübsch und reinlich, dass man es kaum beschreiben kann. Es gab ein weiß gedecktes Tischlein mit sieben kleinen Tellern, ein jeder mit seinem Löffelchen, dazu sieben Messerchen und Gäbelchen und sieben Becherchen. An der Wand waren sieben Bettchen nebeneinander aufgestellt und schneeweiße Laken darübergedeckt. Weil Schneewittchen so hungrig und durstig war, aß sie von jedem Tellerchen ein wenig Gemüse und Brot und trank aus jedem Becherchen einen Tropfen Wein, denn sie wollte nicht einem alles wegnehmen. Danach war sie so müde, dass sie sich in ein Bettchen nach dem anderen legte, aber keines passte. Eines war zu lang und eines zu kurz, bis endlich das siebte genau richtig war. Darin blieb sie liegen und war bald eingeschlafen.

Als schon die Nacht hereingebrochen war, kamen die Besitzer des Häuschens heim. Das waren die sieben Zwerge, die in den Bergen nach Erz hackten und gruben. Sie zündeten ihre

sieben Lichtlein an und sahen in ihrem Schein, dass jemand in ihrem Heim gewesen war, denn es befand sich nicht alles so in der Ordnung, wie sie es verlassen hatten.

Der erste Zwerg fragte: „Wer hat auf meinem Stühlchen gesessen?"

Der zweite: „Wer hat von meinem Tellerchen gegessen?"

Der dritte: „Wer hat von meinem Brötchen genommen?"

Der vierte: „Wer hat an meinem Gemüschen geknabbert?"

Der fünfte: „Wer hat mit meinem Gäbelchen gestochen?"

Der sechste: „Wer hat mit meinem Messerchen geschnitten?"

Der siebte: „Wer hat aus meinem Becherchen getrunken?"

Daraufhin sah sich der erste um und sah, dass auf seinem Bett eine kleine Delle war, da sprach er: „Wer hat in mein Bettchen getreten?" Die anderen kamen gelaufen und riefen: „In meinem hat auch jemand gelegen!"

Als aber der siebte an sein Bettchen trat, erblickte er Schneewittchen, die lag darin und schlief. Sofort rief er die andern, die kamen und vor Verwunderung aufschrien. Sie holten ihre sieben Lichtlein und beleuchteten Schneewittchen.

„Ei, du mein Gott! Ei, du mein Gott!", riefen sie. „Wie schön sie ist!" Das bereitete ihnen so große Freude, dass sie das Mädchen nicht aufweckten, sondern im Bettlein fortschlafen ließen. Der siebte Zwerg dagegen nächtigte bei seinen Gesellen, bei jedem eine Stunde, dann war die Nacht herum.

Als es Morgen war, erwachte Schneewittchen. Beim Anblick der sieben Zwerge erschrak sie sehr. Sie waren aber freundlich und fragten: „Wie heißt du?"

„Ich heiße Schneewittchen", antwortete sie.

„Wie bist du in unser Haus gekommen?", wollten die Zwerge wissen.

Da erzählte sie ihnen, wie ihre Stiefmutter versucht hatte, sie töten zu lassen, der Jäger ihr aber das Leben geschenkt hatte und sie den ganzen Tag gelaufen war, bis sie endlich zu dem Häuschen gelangt war.

Die Zwerge sprachen: „Willst du uns im Haushalt helfen, kochen, waschen, nähen und stricken und alles ordentlich und reinlich halten? Dann kannst du bei uns bleiben und es soll dir an nichts fehlen."

„Ja!", sagte Schneewittchen. „Von Herzen gern!" So blieb sie bei ihnen und hielt das Haus in Ordnung. Morgens gingen die Zwerge in die Berge und suchten Erz und Gold. Wenn sie abends wiederkamen, hatte Schneewittchen das Essen für sie bereitet. Den ganzen Tag über war das Mädchen allein, darum warnten die guten Zwerglein es und sprachen: „Hüte dich vor deiner Stiefmutter! Sie wird bald wissen, dass du hier bist. Lass ja niemanden herein!"

Die Königin ahnte davon aber noch nichts. Da sie glaubte, der Jäger habe ihr Schneewittchens Lunge und Leber gebracht, dachte sie, dass nun wieder sie die Erste und Allerschönste sei. In diesem Glauben trat sie vor ihren Spiegel und sprach:

„Spieglein, Spieglein
an der Wand,
wer ist die Schönste
im ganzen Land?"

Da antwortete der Spiegel:

„Frau Königin, Ihr seid die Schönste hier,
aber Schneewittchen hinter den sieben Bergen
bei den sieben Zwergen
ist noch tausendmal schöner als Ihr."

Da erschrak sie, denn sie wusste, dass der Spiegel keine Unwahrheit sprach. Sie erkannte nun, dass der Jäger sie betrogen hatte und Schneewittchen noch am Leben war. Sofort plante sie sehr gründlich aufs Neue, wie sie das Mädchen umbringen könnte, denn solange sie selbst nicht die Schönste im ganzen Land war, ließ ihr der Neid keine Ruhe.

Als sie sich endlich etwas ausgedacht hatte, schminkte sie sich das Gesicht und kleidete sich wie eine alte Krämerin, bis sie nicht wiederzuerkennen war. In dieser Gestalt ging sie über die sieben Berge zu den sieben Zwergen, klopfte an die Tür und rief: „Schöne Ware, hier gibt es die allerbeste Ware!"

Schneewittchen schaute zum Fenster hinaus und rief: „Guten Tag, liebe Frau! Was habt Ihr zu verkaufen?"

„Gute Ware", antwortete die Königin. „Gürtel in allen Farben", und zog einen aus geflochtener Seide hervor.

„Diese ehrliche Frau kann ich hereinlassen", dachte Schneewittchen, öffnete den Türriegel und kaufte den hübschen Gürtel.

„Kind", sprach die Alte, „wie du aussiehst! Komm, ich helfe dir dabei, ihn ordentlich zu schnüren." Unbekümmert und arglos, stellte Schneewittchen sich vor sie und ließ sich den neuen Seidengürtel umlegen. Aber die Alte schnürte so geschwind und so fest, dass Schneewittchen die Luft wegblieb und sie zu Boden fiel.

„Nun bist du die Schönste gewesen", höhnte die böse Königin und eilte schnell davon.

Nicht lange darauf, zur Abendzeit, kamen die sieben Zwerge nach Hause. Sie erschraken fürchterlich, als sie ihr liebes Schneewittchen auf der Erde liegen sahen und sie sich nicht regte und bewegte, als wäre sie tot. Schnell hoben die Zwerge das Mädchen in die Höhe. Weil sie sahen, dass sie zu fest geschnürt war, schnitten sie den Gürtel entzwei. Sofort fing sie an, ein wenig zu atmen und wurde nach und nach wieder lebendig. Als die Zwerge hörten, was geschehen war, sprachen sie: „Die alte Krämerfrau war niemand anderes als die schreckliche Königin. Hüte dich und lass keinen Menschen herein, wenn wir nicht bei dir sind!"

Die böse Königin aber trat, kaum dass sie ins Schloss zurückgekehrt war, vor den Spiegel und fragte:

„Spieglein, Spieglein an der Wand,
wer ist die Schönste im ganzen Land?"

Da antwortete er wie schon zuvor:

„Frau Königin, Ihr seid die Schönste hier,
aber Schneewittchen hinter den sieben Bergen
bei den sieben Zwergen
ist noch tausendmal schöner als Ihr."

Als sie das hörte, wurde sie mit einem Schlag ganz blass, so erschrak sie, denn sie wusste sofort, dass Schneewittchen noch am Leben war.

„Nun denn", sprach sie. „Ich will mir etwas ausdenken, von dem du dich nicht so einfach erholen kannst."

Mit ihrer Hexenkunst stellte sie einen giftigen Kamm her. Dann verkleidete sie sich erneut und nahm die Gestalt einer anderen alten Frau an. Zum zweiten Mal ging sie über die sieben Berge zu den sieben Zwergen, klopfte an die Tür und rief: „Gute Ware, hier gibt es die allerbeste Ware!"

Schneewittchen schaute aus dem Fenster und sprach: „Geht nur weiter, ich darf niemanden hereinlassen!"

„Nur ansehen wird dir doch erlaubt sein", entgegnete die Alte, zog den giftigen Kamm heraus und hielt ihn in die Höhe. Er gefiel Schneewittchen so gut, dass sie sich betören ließ und die Tür öffnete. Als sie sich auf einen Preis geeinigt hatten, sprach die Alte: „Jetzt will ich dich einmal ordentlich kämmen."

Das arme Schneewittchen dachte an nichts und ließ die Alte gewähren. Aber kaum hatte diese den Kamm in die Haare gesteckt, begann das Gift auch schon zu wirken und das Mädchen fiel besinnungslos zu Boden.

„Du Ausbund an Schönheit", zischte die böse Königin, „jetzt ist's um dich geschehen!", und eilte schnell fort.

Zum Glück aber war es bald Abend und die sieben Zwerglein kamen nach Hause. Als sie Schneewittchen wie tot auf der Erde liegen sahen, hatten sie gleich die Stiefmutter in Verdacht, suchten nach ihrem Werkzeug und fanden den giftigen Kamm. Kaum hatten sie ihn herausgezogen, kam Schneewittchen wieder zu sich und erzählte, was geschehen war. Da warnten die guten Zwerge sie noch einmal, auf der Hut zu bleiben und niemandem die Tür zu öffnen.

Im Schloss stellte die Königin sich vor den Spiegel und sprach:

„Spieglein, Spieglein an der Wand,
Wer ist die Schönste im ganzen Land?"

Da antwortete er wie vorher:

„Frau Königin, Ihr seid die Schönste hier,
aber Schneewittchen hinter den Bergen
bei den sieben Zwergen
ist noch tausendmal schöner als Ihr."

Als sie den Spiegel so reden hörte, zitterte und bebte sie vor Zorn.

„Schneewittchen soll sterben!", rief sie. „Koste es, was es wolle!" Darauf ging sie in eine verborgene Geheimkammer, die niemand außer ihr kannte und fertigte mit Zauberkraft einen schrecklich giftigen Apfel. Äußerlich sah er schön aus, weiß mit roten Backen, sodass man gleich hineinbeißen wollte. Wer aber auch nur ein kleines Stückchen von ihm aß, musste sterben.

Als der Apfel fertig war, schminkte sie ihr Gesicht und verkleidete sich als eine Bauersfrau. So ging sie zum dritten Mal über die sieben Berge zu den sieben Zwergen und klopfte an die Tür.

Schneewittchen streckte den Kopf zum Fenster heraus und sprach: „Ich darf niemanden einlassen, die Zwerge haben es mir verboten!"

„Das verstehe ich", antwortete die falsche Bäuerin. „Aber ich habe diese vielen Äpfel und möchte sie dringend loswerden. Hier, ich schenke dir einen."

„Nein", entgegnete Schneewittchen. „Ich darf nichts annehmen!"

„Hast du Angst, dass ich dich vergifte?", fragte die Alte. „Keine Sorge! Schau nur, ich schneide den Apfel in zwei Hälften. Die rote ist für dich, und die weiße für mich."

Das aber war ein fieser Trick, denn nur in der roten Hälfte steckte das Gift.

Beim Anblick des köstlichen Apfels lief Schneewittchen das Wasser im Mund zusammen und als sie sah, wie die Bäuerin davon aß, konnte sie nicht länger widerstehen. Sie streckte die Hand aus und nahm die giftige Hälfte. Kaum hatte sie einen Bissen davon im Mund, fiel sie auch schon zu Boden. Mit einem grausigen Blick sah die Königin auf sie hinab und rief laut lachend: „Weiß wie Schnee, rot wie Blut, schwarz wie Ebenholz! Diesmal können die Zwerge dich nicht retten!"

Als sie erneut im Schloss den Spiegel befragte:

„Spieglein, Spieglein an der Wand,
wer ist die Schönste im ganzen Land?",

antwortete er endlich:

„Frau Königin, Ihr seid die Schönste im Land."

Da hatte ihr neidisches Herz Ruhe, so gut wie ein neidisches Herz eben Ruhe haben kann.

Als die Zwerge nach Hause kamen, sahen sie Schneewittchen reglos auf dem Boden liegen. Sie hoben sie hoch, suchten nach einer Spur von Gift, lösten ihren Gürtel, kämmten ihre Haare und wuschen sie gründlich mit Wasser, doch nichts half. Schneewittchen rührte sich nicht.

Die Zwerge legten sie auf eine Trage, setzten sich alle sieben gemeinsam darum und weinten drei Tage lang bitterlich. Anschließend wollten sie Schneewittchen begraben, aber sie sah noch so frisch aus wie ein lebender Mensch mit strahlend roten Wangen.

„Wir können sie nicht einfach in die Erde legen", sagten die Zwerge zueinander. Stattdessen ließen sie einen Sarg aus Glas bauen, in den man von allen Seiten blicken konnte. Hierhinein legten sie Schneewittchen und schrieben mit goldener Farbe ihren Namen an den Rand und dass sie eine Königstochter sei. Dann stellten sie den Sarg auf einen Berg. Einer von ihnen blieb immer bei ihr und bewachte sie. Auch Tiere kamen und beweinten Schneewittchen. Zuerst eine Eule, dann ein Rabe und ganz zum Schluss eine Taube.

Viel, viel Zeit verging, doch Schneewittchen in dem Sarg blieb so schön wie immer, weiß wie Schnee, rot wie Blut und schwarzhaarig wie Ebenholz. Es sah aus, als würde sie schlafen. Eines Tages kam ein Königssohn in den Wald. Er wollte gerne in dem Zwergenhaus übernachten. Als er über den Berg ritt, sah er den Sarg mit Schneewittchen und las die Schrift darauf. Weil er sich sofort in sie verliebt hatte, bat er die Zwerge: „Gebt mir den Sarg, ich gebe euch dafür alles, was ihr haben wollt."

Aber die Zwerge antworteten: „Wir geben ihn nicht her, für kein Geld der Welt."

Doch der Prinz ließ nicht locker. „Dann schenkt ihn mir. Ich habe mich in Schneewittchen verliebt und möchte nicht mehr ohne sie sein. Ich verspreche, dass ich auf sie aufpassen werde wie auf den größten Schatz."

Weil er so flehte, bekamen die Zwerge Mitleid mit ihm und gaben ihm den Sarg. Die Diener des Prinzen hoben ihn auf ihre Schultern, um ihn fortzutragen.

Auf dem Weg stolperten sie plötzlich über einen Strauch. Durch die Erschütterung löste sich das giftige Apfelstück aus Schneewittchens Hals. Kurz darauf öffnete sie die Augen, richtete sich auf und öffnete den Sargdeckel.

„Nanu, wo bin ich?", fragte sie verwundert. Überglücklich rief der Prinz:

„Du bist bei mir!“ Er erzählte ihr, was geschehen war und versprach: „Ich liebe dich mehr als alles andere auf der Welt. Komm mit mir in das Schloss meines Vaters, ich möchte dich heiraten.“

Schneewittchen willigte gerne ein, denn auch sie hatte sich in den Prinzen verliebt. Schon bald wurde die Hochzeit mit viel Pracht und Herrlichkeit gefeiert. Zu dem Fest wurde auch Schneewittchens grausame Stiefmutter eingeladen.

In ihrem schönsten Kleid trat sie vor den Spiegel und sprach:

„Spieglein, Spieglein an der Wand,
wer ist die Schönste im ganzen Land?“

Der Spiegel antwortete:

„Frau Königin, Ihr seid die Schönste hier,
aber die junge Königin ist noch tausendmal schöner als Ihr.“

Vor Zorn stieß die böse Königin einen Fluch aus. Sie bekam so furchtbare Angst, dass sie nicht mehr wusste, was sie tun sollte. Eigentlich wollte sie nicht zu der Hochzeit gehen, aber die Sache ließ ihr keine Ruhe und so ging sie doch.

Als sie auf den Festplatz trat und die junge Königin erblickte, erkannte sie Schneewittchen sofort. Vor Furcht war sie wie erstarrt. Jedoch hatte man sie erwartet und eiserne Schuhe über ein Kohlenfeuer gestellt. Diese wurden mit Zangen getragen zu ihr gebracht und sie musste sie anziehen und so lange darin tanzen, bis sie nicht mehr konnte und zu Boden fiel.

Dornröschen

Vor Zeiten lebten ein König und eine Königin, die sagten jeden Tag: „Ach, wenn wir doch ein Kind hätten!“ Aber sie kriegten keins.

Da geschah es, dass die Königin einmal in einem Teich badete, als plötzlich ein Frosch aus dem Wasser sprang, zu ihr hüpfte und sprach: „Dein Wunsch wird bald in Erfüllung gehen. Ehe ein Jahr vergeht, wirst du eine Tochter zur Welt bringen.“

Was der Frosch gesagt hatte, geschah und die Königin gebar ein wunderschönes Mädchen. Überglücklich ließ der König sofort ein großes Fest veranstalten. Dazu wollte er nicht nur alle Verwandten, Freunde und Bekannte einladen, sondern auch einige weise Frauen, damit diese dem Kind gute Wünsche mitgeben konnten. In seinem Reich lebten dreizehn weise Frauen, aber im Schloss gab es nur zwölf goldene Teller. Eine musste deshalb daheimbleiben.

Das Fest wurde mit viel Pracht gefeiert und als es zu Ende war, schenkten die weisen Frauen dem Kind ihre guten Wünsche: Eine gab ihm Tugend, eine Schönheit, die dritte Reichtum und so weiter, sodass es alles bekam, was man sich wünschen kann.

Gerade hatte die elfte ihre Gabe überreicht, da erschien plötzlich die dreizehnte Frau. Sie war wütend, dass sie nicht eingeladen worden war

und wollte sich dafür rächen. Statt einem Gruß rief sie darum mit lauter Stimme: „Die Königstochter soll sich an ihrem fünfzehnten Geburtstag an einer Spindel stechen und tot hinfallen."

Damit drehte sie sich ohne ein weiteres Wort um und verließ das Schloss.

Alle Anwesenden waren furchtbar erschrocken, doch da trat die zwölfte Frau hervor. Sie hatte ihren Wunsch noch offen. Sie konnte den bösen Fluch nicht aufheben, aber dafür abmildern und so sagte sie: „Es soll ein hundertjähriger Schlaf sein, in den die Königstochter fällt."

Der König wollte sein liebes Kind vor dem Unglück schützen und erließ deshalb den Befehl, alle Spindeln im ganzen Königreich zu verbannen.

Das Mädchen wuchs, beschenkt mit den Gaben der weisen Frauen, heran. Sie war schön, freundlich, hilfsbereit und verständnisvoll gegenüber jedem, sodass alle sie sehr mochten. An ihrem fünfzehnten Geburtstag waren der König und die Königin nicht im Schloss und sie blieb ganz allein zurück. Um sich die Zeit zu vertreiben, ging sie umher und schaute sich, wie sie wollte, alle Zimmer und Kammern an.

So kam sie zu einem alten Turm. Über eine enge Wendeltreppe gelangte die Prinzessin zu einer kleinen Tür. In dem Schloss steckte ein verrosteter Schlüssel. Als sie ihn umdrehte, sprang die Tür auf. Dahinter saß in einer kleinen Stube eine alte Frau mit einer Spindel und spann fleißig Flachs.

„Guten Tag, Mütterchen", grüßte die Königstochter. „Was machst du da?"

„Ich spinne", antwortete die Alte und nickte mit dem Kopf.

„Was ist das für ein Ding, das so lustig herumspringt?", fragte das Mädchen, nahm die Spindel und wollte ebenfalls spinnen. Kaum hatte sie aber die Spindel berührt, ging der Zauberspruch in Erfüllung und sie stach sich damit in den Finger. Im gleichen Augenblick fiel sie auch schon auf ein kleines Bett, das neben ihr stand, und sank in einen tiefen Schlaf.

Und dieser Schlaf verbreitete sich über das ganze Schloss: Der König und die Königin, die gerade heimgekommen und in den Saal getreten waren, der ganze Hofstaat, die Pferde im Stall, die Hunde im Hof, die Tauben auf dem Dach und die Fliegen an der Wand schliefen ein. Selbst das Feuer im Herd flackerte, wurde still und schlief ein. Der Braten hörte auf zu brutzeln. Der Koch ließ den Küchenjungen, den er gerade an der Schürze gepackt hatte, um mit ihm zu schimpfen, weil er etwas vergessen hatte, los und sank in den Schlaf. Selbst der Wind legte sich und an den Bäumen vor

dem Schloss regte sich kein Blättchen mehr. Rings um das Schloss aber wuchs eine Dornenhecke empor, die Jahr für Jahr höher wurde, bis sie das ganze Schloss bedeckte und immer höher, bis nicht einmal mehr die Fahne auf dem höchsten Turm zu sehen war.

Bald verbreitete sich im ganzen Land die Geschichte von dem schönen schlafenden Dornröschen, denn so nannten die Leute die Prinzessin. Immer wieder kamen Königssöhne aus fernen Reichen und versuchten, durch die Hecke in das Schloss zu gelangen, aber es war unmöglich. Die Dornen waren zu dicht, die Prinzen blieben in ihnen hängen und gelangten nicht hindurch.

Nach vielen, vielen Jahren, kam wieder einmal ein Königssohn in das Land. Er hörte einen alten Mann von der Dornenhecke erzählen, hinter der ein Schloss stünde, in dem seit einhundert Jahren die wunder-

schöne Königstochter Dornröschen zusammen mit dem König, der Königin und dem ganzen Hofstaat tief und fest schlafe. Der Prinz wusste von seinem eigenen Großvater, dass schon viele Königssöhne probiert hatten, diese Hecke zu durchdringen, aber dass es noch keinem gelungen war. Aber dieser junge Prinz hatte keine Angst und er beschloss: „Ich werde zu dem Schloss gehen und das schöne Dornröschen sehen.“ Der alte Geschichtenerzähler bemühte sich, ihn davon abzuhalten, aber der Prinz hörte nicht.

Nun war es so, dass gerade die hundert Jahre vorbei waren und Dornröschen wieder aufwachen sollte. Als der Prinz darum zu dem Schloss kam, wuchsen in der Hecke lauter schöne große Blumen, die sich wie ein Vorhang öffneten und ihn unverletzt hindurchließen, ehe sie sich wieder hinter ihm schlossen. Im Schlosshof sah er die Pferde und die Hunde liegen und schlafen, auf dem Dach

hatten die Tauben ihre Köpfchen unter die Flügel gesteckt und im Schloss selbst schliefen die Fliegen an der Wand. In der Küche hielt der Koch noch immer die Hand gestreckt, als wollte er die Schürze des Küchenjungen packen, und eine Magd saß vor einem schwarzen Huhn, um es zu rupfen.

Im Festsaal schlief der gesamte Hofstaat auf dem Boden und oben auf einem Podest saßen nebeneinander schlafend der König und die Königin. Immer weiter ging der Prinz. Es war so still, dass er nur seinen eigenen Atem hören konnte. Endlich gelangte er zu dem kleinen Turm, öffnete die Tür zu der Stube und sah Dornröschen schlafend auf dem Bett liegen. Sie war so wunderschön, dass er sich sofort in sie verliebte und ihr einen Kuss gab.

Kaum hatten seine Lippen ihre berührt, erwachte Dornröschen, schlug die Augen auf und lächelte ihm zu. Gemeinsam gingen sie hinab in den Festsaal, wo der König und die Königin und der Hofstaat erwachten. Alle sahen einander mit großen Augen an. Im Hof öffneten die Pferde die Lider und die Hunde sprangen auf und wedelten mit den Schwänzen. Auf dem Dach zogen die Tauben die Köpfe unter den Flügeln hervor und flogen davon, die Fliegen an der Wand krochen weiter, in der Küche erhob sich das Feuer, flackerte und kochte das Essen, der Braten fing wieder an zu brutzeln, der Koch gab dem Jungen eine schallende Ohrfeige und die Magd rupfte das Huhn fertig.

Kurz darauf wurde die Hochzeit von Dornröschen und ihrem Prinzen mit großer Pracht gefeiert und alle miteinander lebten glücklich und zufrieden bis an ihr Ende.

Hänsel und Gretel

Am Rande eines großen Waldes wohnte ein armer Holzfäller mit seiner neuen Frau und seinen zwei Kindern. Der Junge hieß Hänsel und das Mädchen Gretel. Die Familie hatte wenig zu essen und als die Waren immer teurer wurden, konnten sie sich nicht einmal mehr ein Brot leisten. Abends lag der Holzfäller im Bett, wälzte sich herum und konnte nicht einschlafen. Voller Sorge fragte er seine Frau: „Was soll nur aus uns werden? Wie können wir unsere armen Kinder ernähren, wenn wir auch für uns selbst nichts mehr haben?"

„Weißt du, was", antwortete die Frau, „lass uns morgen in aller Frühe mit den Kindern hinaus in den Wald gehen, dahin, wo er am dichtesten ist. Dort machen wir ihnen ein Feuer und geben beiden noch ein Stückchen Brot. Dann gehen wir unserer Arbeit nach und lassen sie allein. Sie finden den Weg nicht wieder zurück und wir sind sie los."

„Nein!", sagte der Mann. „Das tue ich nicht! Ich kann es nicht übers Herz bringen, meine Kinder im Wald allein zu lassen! Die wilden Tiere würden bald kommen und sie zerreißen."

„Du Dummkopf!", schalt sie ihn. „Dann müssen wir alle vier hungern. Du kannst ja schon einmal unsere Särge zimmern." Sie drängte ihn so lange, bis er einwilligte.

„Aber die armen Kinder tun mir doch sehr leid“, murmelte der Mann.

Die zwei Kinder hatten vor Hunger auch nicht einschlafen können und deshalb gehört, was die Stiefmutter zum Vater gesagt hatte. Gretel weinte bittere Tränen und flüsterte zu Hänsel: „Jetzt ist es um uns geschehen.“

„Pst, leise Gretel“, beruhigte Hänsel sie. „Wein doch nicht, ich weiß, wie wir uns retten können.“ Als die Eltern endlich schliefen, stand er auf, zog seine Jacke an, öffnete die Hintertür und schlich hinaus. Strahlend schien der Mond auf die weißen Kieselsteine auf dem Boden, sodass sie ganz hell glänzten. Hänsel bückte sich und steckte so viele, wie er konnte, in seine Jackentaschen. Anschließend ging er zurück ins Haus und sagte zu Gretel: „Mach dir keine Sorgen, liebe Schwester, und schlafe gut. Uns wird nichts passieren.“ Dann legte auch er sich wieder hin.

Am nächsten Tag, noch ehe die Sonne aufgegangen war, kam die Stiefmutter und weckte die beiden Kinder: „Steht auf, ihr Faulpelze, heute gehen wir in den Wald und sammeln Holz.“ Dann gab sie jedem von ihnen ein Stückchen Brot und sagte: „Das ist euer Mittagessen. Esst es nicht schon vorher auf, etwas anderes kriegt ihr nicht.“

Gretel steckte das Brot in ihre Taschen, weil jene von Hänsel mit den Kieseln gefüllt waren. Danach machten sie sich alle zusammen auf den Weg in den Wald. Nachdem sie ein Weilchen gegangen waren, blieb Hänsel stehen und blickte zu dem Haus zurück. Das tat er immer und immer wieder. Der Vater wunderte sich und sagte: „Hänsel, was guckst du da und bleibst zurück. Pass auf und vergiss deine Beine nicht!“

„Ach, Vater“, erwiderte Hänsel. „Ich sehe nach meinem weißen Kätzchen, das sitzt oben auf dem Dach und will mir Tschüss sagen.“

Die Stiefmutter lachte. „Narr, das ist nicht dein Kätzchen, das ist die Morgensonne, die auf den Schornstein scheint.“ Hänsel aber hatte nicht nach dem Kätzchen gesehen, sondern immer einen von den blanken Kieselsteinen aus seiner Tasche auf den Weg geworfen.

Als sie mitten in den Wald gekommen waren, verkündete der Vater: „Nun sammelt Holz, ihr Kinder. Ich will ein Feuer anmachen, damit ihr nicht friert.“ Hänsel und Gretel trugen Reisig zu einem kleinen Haufen zusammen, den der Vater anzündete. Als die Flammen fröhlich brannten, sagte die Stiefmutter: „Legt euch ein bisschen ans Feuer, Kinder, und ruht euch aus. Wir gehen noch einmal in den Wald und holen mehr Holz. Sobald wir fertig sind, kommen wir wieder und holen euch ab.“

Hänsel und Gretel saßen am Feuer und als Mittag war, aßen beide ihr Stücklein Brot. Weil sie die Schläge der Holzaxt hörten, glaubten sie, ihr Vater wäre in der Nähe. Es war aber gar nicht die Holzaxt, die da hämmerte, sondern ein Ast, den er an einen dürren Baum gebunden hatte und den nun der Wind hin und her schlug. Nachdem sie lange so gesessen hatten, fielen ihnen die Augen vor Müdigkeit zu und sie schliefen fest ein. Als sie endlich erwachten, war es schon finstere Nacht. Gretel fing an zu weinen und jammerte: „Wie sollen wir nur aus dem Wald herauskommen?“

Hänsel tröstete sie: „Warte noch ein Weilchen, bis der Mond aufgegangen ist, dann werden wir den Weg schon finden.“ Kaum war der helle Mond hoch aufgestiegen, nahm Hänsel seine Schwester an der Hand und ging den Kieselsteinen nach, die im Mondlicht glänzten und ihnen den Weg zeigten. Sie gingen die ganze Nacht hindurch und kamen bei Anbruch des neuen Tages wieder zu ihrem Elternhaus. Dort klopften sie an die Tür und als die Frau öffnete und sah, dass es Hänsel und Gretel waren,

sprach sie: „Ihr bösen Kinder, was habt ihr so lange im Wald geschlafen? Wir dachten, ihr wolltet gar nicht wiederkommen!“ Der Vater aber freute sich, denn es hatte ihn sehr mitgenommen, dass er sie so allein im Wald zurückgelassen hatte.

Nicht lang danach war wieder Not in allen Ecken und die Kinder hörten, wie die Mutter nachts im Bett zu dem Vater sprach: „Alles ist wieder aufgebraucht, wir haben noch einen halben Laib Brot und danach nichts mehr. Die Kinder müssen wirklich fort. Lass sie uns noch tiefer in den Wald führen, damit sie den Weg nicht wieder herausfinden. Es gibt keine andere Rettung für uns.“ Dem Vater gefiel das gar nicht und er dachte: „Es wäre besser, wenn wir den letzten Bissen mit den Kindern teilen würden.“

Aber die Frau hörte auf nichts, was er sagte, schimpfte und machte ihm Vorwürfe. Wer A sagt, muss auch B sagen und weil er das erste Mal nachgegeben hatte, musste er es ebenso beim zweiten Mal.

Doch auch diesmal waren die Kinder noch wach gewesen und hatten das Gespräch mit angehört. Als die Eltern schliefen, stand Hänsel erneut auf, um hinauszugehen und die Kieselsteine zu sammeln, wie beim ersten Mal. Aber die Stiefmutter hatte die Tür verschlossen und er besaß keinen Schlüssel. Dennoch tröstete er seine Schwester: „Mach dir keine Sorge, liebe Schwester, und schlafe gut. Uns wird nichts passieren.“

Früh am nächsten Morgen wurden sie von der Frau geweckt und erhielten wieder beide ein Stückchen Brot, das noch kleiner war als das beim ersten Mal. Auf dem Weg in den Wald zerbröckelte Hänsel es in der Tasche, stand oft still und warf die Krümel auf die Erde.

„Hänsel, was stehst du und guckst dich um?“, schimpfte der Vater. „Geh ein bisschen schneller!“

„Ich sehe nach meinem Täubchen. Das sitzt auf dem Dach und will mir Tschüss sagen“, antwortete Hänsel.

„Narr“, sagte die Frau. „Das ist nicht dein Täubchen, das ist die Morgensonne, die oben auf den Schornstein scheint.“ Unbeirrt warf Hänsel nach und nach alle Krumen auf den Weg.

Die Eltern führten die Kinder so tief in den Wald, wie sie zuvor noch nie gegangen waren. Erneut zündete der Vater ein Feuer an und die Mutter sagte:

„Bleibt nur da sitzen, ihr Kinder, wenn ihr müde seid, könnt ihr ein wenig schlafen. Wir gehen in den Wald und hauen Holz. Abends, wenn wir fertig sind, kommen wir und holen euch ab."

Als es Mittag war, teilte Gretel ihr Brot mit Hänsel, der sein Stück auf den Weg gestreut hatte. Dann schliefen sie ein und der Abend verging, aber niemand kam zu den armen Kindern.

Sie erwachten erst in der finstern Nacht. Hänsel tröstete seine weinende Schwester und sagte: „Warte nur, Gretel, bis der Mond aufgeht, dann werden wir die Brotkrumen sehen, die ich ausgestreut habe. Sie zeigen uns den Weg nach Hause."

Als der Mond kam, machten sie sich auf, aber sie fanden keine Krumen mehr, denn die vielen Vögel, die im Wald und am Feld umherflogen, hatten sie weggepickt. Hänsel sagte zu Gretel: „Wir werden den Weg schon finden."

Aber sie fanden ihn nicht. Sie gingen die ganze Nacht und noch einen Tag vom Morgen bis zum Abend, doch sie kamen nicht aus dem Wald heraus. Zudem waren beide sehr hungrig, denn sie hatten nichts als ein paar wilde Beeren, die im Gebüsch wuchsen. Weil sie so müde waren, dass die Beine sie nicht mehr tragen wollten, legten sie sich unter einen Baum und schliefen ein.

Nun begann schon der dritte Morgen, seitdem sie ihr Elternhaus verlassen hatten. Sie fingen wieder an zu gehen, aber sie gerieten nur immer tiefer in den Wald hinein und wenn nicht bald Hilfe kam, waren sie verloren.

Als es Mittag war, sahen sie plötzlich ein hübsches schneeweißes Vögelein auf einem Ast sitzen und wunderschön singen. Sie blieben stehen und hörten ihm zu. Als es fertig war, streckte es seine Flügel und flog vor ihnen her. Die Kinder gingen ihm nach, bis sie zu einem Häuschen gelangten, auf dessen Dach es sich setzte. Als sie näher traten, sahen sie, dass das Häuslein aus Brot gebaut war, mit einem Dach aus Kuchen und Fenstern aus Zucker.

„Wir haben solchen Hunger", sagte Hänsel. „Komm, lass uns etwas davon essen. Ich nehme ein bisschen was vom Dach und du vom Fenster, das ist bestimmt lecker."

Hänsel streckte die Hand in die Höhe und brach sich ein wenig vom Dach ab und Gretel stellte sich an die Scheiben und knusperte daran. Auf einmal rief eine feine Stimme aus der Stube heraus:

„Knusper, knusper, Knäuschen,
wer knuspert an meinem Häuschen?“

Die Kinder antworteten:

„Der Wind, der Wind,
das himmlische Kind“,

und aßen weiter, ohne sich irre machen zu lassen. Hänsel, dem das Dach sehr gut schmeckte, riss sich ein großes Stück davon herunter und Gretel stieß eine ganze runde Fensterscheibe heraus, setzte sich und ließ es sich schmecken.

Da ging auf einmal die Tür auf. Herausgeschlichen kam eine steinalte Frau, die sich schwer auf eine Krücke stützte. Hänsel und Gretel erschraken so gewaltig, dass sie alles fallen ließen, was sie in den Händen hielten. Die Alte wackelte mit dem Kopf und sprach: „Ei, ihr lieben Kinder, wer hat euch hierhergebracht? Kommt nur herein und bleibt bei mir. Hier wird euch nichts passieren.“

Sie fasste beide an den Händen und führte sie in ihr Häuschen. Dort servierte sie ihnen gutes Essen: Milch und Pfannkuchen mit Zucker, Äpfel und Nüsse. Als sie satt waren, machte die Alte ihnen zwei weiche Betten zurecht und als Hänsel und Gretel sich hineinlegten, meinten sie, dass es keinen besseren Ort geben könne.

Die Alte hatte sich aber nur verstellt. In Wirklichkeit war sie eine böse

Hexe, die Kindern auflauerte und ihr Knusperhaus aufgestellt hatte, um sie herbeizulocken. Wenn sie eines schnappte, tötete sie es, kochte es und aß es als Festtagsschmaus. Hexen haben schlechte Augen und können nicht weit sehen, aber sie haben eine feine Witterung wie die Tiere und merken, wenn Menschen herankommen. Als Hänsel und Gretel in ihre Nähe geraten waren, hatte sie boshaft gelacht und gehöhnt: „Die werden mir nicht entwischen!“

Frühmorgens, ehe die Kinder erwachten, stand sie schon auf und schaute sich die beiden an, wie sie da so ruhig lagen mit runden Wangen. „Das wird ein guter Bissen!“, murmelte die Hexe. Sie packte Hänsel mit ihren dürren Händen, warf ihn in einen Stall und schloss die Gittertür zu. Er konnte schreien, wie er wollte, es half ihm nichts. Dann ging sie zu Gretel, rüttelte sie wach und rief: „Steh auf, Faulenzerin! Hol Wasser und koch deinem Bruder etwas Gutes, der sitzt draußen im Stall und soll fett werden. Wenn er schön fett ist, werde ich ihn essen.“

Gretel fing an, bitterlich zu weinen, aber es war alles vergeblich. Sie musste tun, was die böse Hexe verlangte.

Dem armen Hänsel wurde das beste Essen gekocht, aber Gretel bekam nichts als Nussschalen zu essen. Jeden Morgen schlich die Alte zu dem Stall

und rief: „Hänsel, streck deine Finger heraus, damit ich fühlen kann, ob du bald fett bist." Aber Hänsel streckte ihr einen dünnen Ast entgegen. Wegen ihrer schlechten Augen konnte die Alte das nicht sehen und dachte, es wären Hänsels Finger. Sie wunderte sich, dass er gar nicht fett wurde. Als vier Wochen herum waren und Hänsel immer noch mager war, überkam sie die Ungeduld. Sie wollte nicht länger warten.

„He, Gretel", rief sie dem Mädchen zu. „Beeil dich und hol Wasser! Hänsel mag fett oder mager sein, morgen will ich ihn schlachten und kochen." Ach, wie jammerte die arme Gretel, als sie das Wasser tragen musste und wie flossen ihr die Tränen die Wangen herunter! „Lieber Gott, hilf uns doch", rief sie. „Hätten uns nur die wilden Tiere im Wald gefressen, dann wären wir immerhin zusammengeblieben!"

„Spar dir dein Geplärre", schimpfte die Alte. „Es ist, wie es ist, und hilft dir eh nichts."

Frühmorgens musste Gretel raus, den Kessel mit Wasser aufhängen und ein Feuer anzünden. „Erst wollen wir backen", sagte die Alte. „Ich habe den Backofen bereits eingeheizt und den Teig geknetet." Sie stieß die arme Gretel hinaus zu dem Backofen, aus dem die Feuerflammen schon herausschlugen.

„Kriech mal rein", befahl die Hexe, „und prüf, ob es schön heiß ist, sodass wir das Brot backen können." Wenn Gretel darin war, wollte die fiese Hexe den Ofen zuschließen, Gretel braten und dann aufessen. Aber Gretel ahnte, was sie im Sinn hatte und sagte: „Ich weiß nicht, wie ich das machen soll, wie komm ich dahinein?"

„Dumme Gans", zeterte die Alte. „Die Öffnung ist groß genug, siehst du, ich könnte selbst reinsteigen." Mit diesen Worten stellte sie sich vor die Öffnung und steckte den Kopf in den Backofen. Da gab ihr Gretel einen derart festen Stoß, dass sie weit hineinfiel, schloss schnell die eiserne Tür und schob den Riegel vor. Hu! Die Hexe fing an, schrecklich zu heulen und zu brüllen, aber Gretel rannte davon und die Tür blieb zu.

Schnurstracks ging Gretel zu Hänsel, öffnete die Stalltür und rief: „Hänsel, wir sind frei, die alte Hexe ist weg."

Überglücklich sprang Hänsel heraus, wie ein Vogel aus dem Käfig, wenn ihm die Türe geöffnet wird. Wie fröhlich und erleichtert sind sie sich um den Hals gefallen, haben sich umarmt, sind umhergesprungen und haben lauthals gelacht.

Weil sie sich nicht mehr fürchten mussten, gingen sie in das Haus der Hexe. In allen Ecken standen Kisten und Kästen mit Perlen und Edelsteinen. „Die sind noch besser als Kieselsteine", verkündete Hänsel und steckte so viele er konnte in seine Taschen.

Gretel sagte: „Ich will auch etwas mit nach Haus bringen", und stopfte ebenfalls ihre Taschen voll.

„Aber jetzt lass uns verschwinden", bat Hänsel. „Bloß raus hier aus diesem Hexenwald!"

Als sie ein paar Stunden gegangen waren, gelangten sie an einen großen See.

„Da können wir nicht rüber", seufzte Hänsel, „ich sehe keinen Steg und keine Brücke."

„Hier fährt auch kein Schiff", sagte Gretel. „Aber dort schwimmt eine weiße Ente, wenn ich die bitte, hilft sie uns hinüber."

Laut rief sie:

„Entchen, Entchen,
da stehen Gretel und Hänsel.
Kein Steg und keine Brücke,
nimm uns auf deinen weißen Rücken."

Das Entchen kam gleich heran. Hänsel setzte sich darauf und bat seine Schwester, sich zu ihm zu setzen. „Nein", entgegnete Gretel. „Es wird dem Entchen zu schwer, es soll uns nacheinander hinüberbringen."

Das tat das gute Tierchen und als sie glücklich drüben angekommen und ein Weilchen gelaufen waren, kam ihnen der Wald immer bekannter und bekannter vor. Endlich erblickten sie von Weitem ihr Elternhaus. Da fingen sie an zu laufen, stürzten in die Stube hinein und fielen ihrem Vater um den Hals. Der Mann hatte keine frohe Stunde gehabt, seitdem er die Kinder im Wald gelassen hatte. Die Stiefmutter war fort.

Gretel schüttelte ihre Tasche aus, sodass die Perlen und Edelsteine in der Stube herumsprangen und Hänsel warf eine Handvoll nach der andern aus seiner Tasche dazu. Da hatten alle Sorgen ein Ende und sie lebten in lauter Freude zusammen.

Rotkäppchen

Es war einmal ein kleines, süßes Mädchen, das hatte jedermann lieb, der es nur ansah. Am allerliebsten aber seine Großmutter. Sie wusste gar nicht, was sie dem Kind alles geben sollte. Einmal schenkte sie ihm ein Käppchen aus rotem Samt, und weil ihm das so gut stand und es nichts anderes mehr tragen wollte, nannten es von da an alle nur noch *Rotkäppchen*.

Eines Tages sagte ihre Mutter zu Rotkäppchen: „Komm, Rotkäppchen, hier sind ein Stück Kuchen und eine Flasche Wein. Bring beides der Großmutter, sie ist krank und schwach und das wird ihr eine Freude machen. Beeil dich, bevor es zu heiß wird und wenn du unterwegs bist, bleib ganz artig und schweif nicht vom Weg ab, sonst fällst du und zerbrichst das Glas und die Großmutter hat nichts. Und wenn du in ihr Haus kommst, so vergiss nicht, ‚Guten Morgen' zu sagen und guck nicht erst in allen Ecken herum!"

„Ich werde mir Mühe geben und aufpassen", versprach Rotkäppchen der Mutter und gab ihr die Hand darauf.

Die Großmutter wohnte allein draußen im Wald, eine halbe Stunde vom Dorf entfernt. Als nun Rotkäppchen in den Wald kam, begegnete ihr der Wolf. Rotkäppchen wusste nicht, was der für ein böses Tier war und fürchtete sich nicht vor ihm.

„Guten Tag, Rotkäppchen!“, grüßte er.

„Schönen Tag, Wolf!“

„Wohin gehst du so früh, Rotkäppchen?“

„Zur Großmutter.“

„Was trägst du da in deinem Korb?“

„Kuchen und Wein. Gestern haben wir gebacken, damit soll sich die kranke und schwache Großmutter etwas Gutes tun und sich stärken.“

„Rotkäppchen, wo wohnt deine Großmutter?“

„Noch eine gute Viertelstunde weiter im Wald, unter den drei großen Eichbäumen, da steht ihr Haus. Unten sind die Nusshecken, das wirst du ja wissen“, sagte Rotkäppchen. Der Wolf dachte bei sich: „Das junge, zarte Ding, das ist ein fetter Bissen, der wird noch besser schmecken als die Alte. Ich muss es listig anfangen, damit ich beide schnappen kann!“

Eine Weile lief er neben Rotkäppchen her, dann rief er: „Rotkäppchen, sieh einmal die schönen Blumen, die ringsumher stehen. Warum guckst du dich nicht um? Ich glaube, du hörst gar nicht, wie schön die Vöglein singen? Du gehst ja so schnell und schnurstracks, als würdest du zur Schule laufen, dabei ist es so wunderbar hier draußen im Wald!“

Rotkäppchen blickte sich um und als sie sah, wie die Sonnenstrahlen zwischen den Bäumen hin und her tanzten und alles voll schöner Blumen war, dachte sie: „Wenn ich der Großmutter einen frischen Strauß mitbringe, wird der ihr auch Freude machen. Es ist so früh am Tag, dass ich noch ganz pünktlich ankomme, auch wenn ich kurz den Weg verlasse und etwas weiter im Gestrüpp nach den schönsten Blumen suche.“ Doch immer wenn sie eine gepflückt hatte, meinte sie, weiter hinten eine noch schönere gefunden zu haben und so geriet sie immer tiefer hinein ins Dickicht.

Der Wolf aber ging geradewegs zu dem Haus der Großmutter und klopfte an die Tür.

„Wer ist draußen?“, fragte die Großmutter.

„Rotkäppchen. Ich bringe dir Kuchen und Wein, mach auf!“, antwortete der Wolf.

„Drück nur auf die Klinke!“, rief die alte Dame. „Ich bin zu schwach und kann nicht aufstehen.“ Der Wolf drückte auf die Klinke, die Tür sprang auf und er ging, ohne ein Wort zu sprechen, direkt zum Bett der Großmutter und verschluckte sie in einem großen Happs. Dann zog er ihre Kleider an, setzte ihre Haube auf, legte sich in ihr Bett und zog die Vorhänge zu.

Rotkäppchen indess war zwischen den Blumen umhergelaufen und hatte so viele gesammelt, dass sie keine weiteren tragen konnte. Da fiel ihr die Großmutter wieder ein und sie machte sich schnell auf den Weg zu ihr.

Es wunderte sie sehr, dass die Tür offen stand und als sie in die Stube trat, bekam sie ein sehr seltsames Gefühl. „Oje“, dachte sie, „Mir ist heute so mulmig und dabei bin ich doch sonst so gerne bei der Großmutter …“ Laut rief sie: „Guten Morgen!“, aber es kam keine Antwort. Da trat sie ans Bett und zog die Vorhänge zurück. Dort lag die Großmutter, die Haube tief ins Gesicht gezogen, und sah sehr sonderbar aus.

„Ei, Großmutter, was hast du für große Ohren!“, rief Rotkäppchen.

„Damit ich dich besser hören kann“, kam die Antwort.

„Ei, Großmutter, was hast du für große Augen!“

„Damit ich dich besser sehen kann!“

„Ei, Großmutter, was hast du für große Hände!“

„Damit ich dich besser packen kann!“

„Aber, Großmutter, was hast du für ein entsetzlich großes Maul!“

„Damit ich dich besser fressen kann!“ Kaum hatte der Wolf das gesagt, sprang er auch schon aus dem Bett und verschlang das Rotkäppchen ebenfalls in einem großen Happs.

Nachdem der Wolf seinen Appetit so gestillt hatte, legte er sich wieder unter die Decke, schlief ein und fing an, überlaut zu schnarchen. In dem Moment ging der Jäger an dem Haus vorbei und dachte: „Wie die alte Frau schnarcht! Ich will einmal nachsehen, ob ihr etwas fehlt.“ Er ging in die Stube und als er an das Bett trat, sah er darin den Wolf liegen.

„Hier finde ich dich also, du alter Sünder“, sagte er. „Ich habe dich lange gesucht.“ Gerade wollte er seine Büchse anlegen, da fiel ihm ein, dass der Wolf die Großmutter gefressen haben könnte. Vielleicht war sie ja noch zu retten. Deshalb schoss er nicht, sondern nahm eine Schere und fing an, dem schlafenden Wolf den Bauch aufzuschneiden.

Nachdem er ein paar Schnitte getan hatte, sah er das rote Käppchen leuchten und nach ein paar weiteren Schnitten sprang das Mädchen heraus und rief: „Ach, was hatte ich für große Angst! Es war so dunkel in dem Wolfsinneren." Da kam auch die Großmutter aus dem Wolfsbauch geklettert und musste ordentlich husten. Rasch holte Rotkäppchen einige große Steine. Die füllten sie in den Wolfsbauch und als er aufwachte, wollte er fortspringen, aber die Steine waren so schwer, dass er gleich wieder zu Boden fiel und nicht mehr aufstehen konnte.

Da waren alle drei sehr glücklich. Der Jäger zog dem Wolf den Pelz ab und ging damit heim, die Großmutter aß den Kuchen und trank den Wein, den Rotkäppchen gebracht hatte, und erholte sich wieder. Rotkäppchen aber schwor sich: „Ich werde nie wieder vom Weg abgehen, egal, was passiert, wenn die Mutter es mir verboten hat!"

Der Wolf und die sieben Geißlein

Es war einmal eine alte Geiß, die hatte sieben junge Geißlein, von denen sie jedes so lieb hatte, wie eine Mutter ihre Kinder eben lieb hat.

Eines Tages wollte sie in den Wald gehen und Futter holen, darum rief sie alle sieben herbei und sprach: „Liebe Kinder, ich gehe hinaus in den Wald. Seid auf der Hut vor dem Wolf, denn wenn er hereinkommt, frisst er euch mit Haut und Haaren. Der Bösewicht verstellt sich oft, aber an seiner rauen Stimme und an seinen schwarzen Pfoten könnt ihr ihn gleich erkennen."

Die Geißlein versprachen: „Liebe Mutter, wir werden uns in Acht nehmen, du kannst ohne Sorge fortgehen." Zufrieden meckerte die Mutter Geiß und machte sich getrost auf den Weg.

Es dauerte nicht lange, da klopfte jemand an die Haustür und rief: „Macht auf, ihr lieben Kinder, eure Mutter ist zurück und hat jedem von euch etwas mitgebracht!" Aber die Geißlein hörten an der rauen Stimme, dass es der Wolf war.

„Wir machen nicht auf!", riefen sie. „Du bist nicht unsere Mutter, die hat eine feine und liebliche Stimme, aber deine ist rau. Du bist der Wolf."

Daraufhin ging der Wolf fort zu einem Krämer und kaufte sich ein großes Stück Kreide. Das aß er auf und machte damit seine Stimme fein. Anschließend kam er zurück, klopfte an die Haustür und rief: „Macht auf, ihr lieben Kinder, eure Mutter ist zurück und hat jedem von euch etwas mitgebracht!" Aber der Wolf hatte seine schwarze Pfote in das Fenster gelegt, das sahen die Kinder und riefen: „Wir machen nicht auf, unsere Mutter hat keinen schwarzen Fuß wie du. Du bist der Wolf!"

Diesmal lief der Wolf zu einem Bäcker und behauptete: „Ich habe mir den Fuß angestoßen, streich Teig darüber." Als ihm der Bäcker die Pfote bestrichen hatte, lief er zum Müller und verlangte: „Streu mir weißes Mehl auf meine Pfote." Der Müller dachte: „Der Wolf will einen betrügen", und weigerte sich.

Aber der Wolf drohte ihm: „Wenn du es nicht tust, fresse ich dich!"

Da fürchtete sich der Müller und färbte ihm die Pfote weiß.

So getarnt, ging der Bösewicht zum dritten Mal zu der Haustür, klopfte an und sprach: „Macht auf, Kinder, eure liebe Mutter ist heimgekommen und hat jedem von euch etwas aus dem Wald mitgebracht!“

Die Geißlein riefen: „Zeig uns zuerst deine Pfote, damit wir wissen, dass du wirklich unsere Mutter bist.“ Also legte der Wolf die Pfote ins Fenster und als sie sahen, dass sie weiß war, glaubten die Kinder, es wäre alles wahr, was er sagte und machten die Tür auf. Herein kam aber nicht ihre Mutter, sondern der Wolf.

Die Geißlein erschraken und wollten sich verstecken. Das erste sprang unter den Tisch, das zweite ins Bett, das dritte in den Ofen, das vierte in die Küche, das fünfte in den Schrank, das sechste unter die Waschschüssel und das siebte in den Kasten der Wanduhr. Aber der Wolf fand sie alle und machte nicht langes Federlesen: Eins nach dem andern schluckte er hinunter. Nur das jüngste in dem Uhrkasten fand er nicht. Nachdem der Wolf seinen Hunger gestillt hatte, ging er hinaus, legte sich unter einen Baum und fing an zu schlafen.

Nicht lange danach kam die Mutter Geiß aus dem Wald heim. Ach, was musste sie da erblicken! Die Haustür stand sperrangelweit auf, Tisch, Stühle und Bänke waren umgeworfen, die Waschschüssel lag in Scherben, Decken und Kissen waren aus dem Bett gezogen.

Sie suchte ihre Kinder, aber nirgends waren sie zu finden. Sie rief sie nacheinander beim Namen, aber niemand antwortete.

Endlich, als sie das jüngste rief, antwortete eine feine Stimme: „Liebe Mutter, ich stecke im Uhrkasten." Sie holte das Geißlein heraus und es erzählte ihr, dass der Wolf gekommen war und die anderen alle gefressen hatte. Ach, ihr könnt euch denken, wie sie um ihre armen Kinder geweint hat!

Erst als irgendwann keine neuen Tränen mehr kamen, ging sie hinaus. Das jüngste Geißlein folgte ihr. Als sie auf die Wiese kamen, sahen sie den Wolf unter dem Baum liegen und schlafen. Er schnarchte so sehr, dass die Äste zitterten. Mutter Geiß betrachtete ihn von allen Seiten und bemerkte, dass sich in seinem angefüllten Bauch etwas regte und zappelte.

„Nanu?", dachte sie. „Sollten meine armen Kinder, die er zum Nachtmahl hinuntergewürgt hat, etwa noch am Leben sein?"

Sofort schickte sie das jüngste Geißlein zurück ins Haus, um Schere, Nadel und Faden zu holen. Dann schnitt sie dem Ungetüm den Bauch auf. Kaum hatte sie einen Schnitt getan, streckte schon ein Geißlein den Kopf heraus und als sie weiterschnitt, sprangen nacheinander alle sechs unverletzt und quicklebendig heraus, denn das Ungetüm hatte sie in der Gier ganz hinuntergeschluckt.

Das war eine Freude! Alle herzten ihre liebe Mutter und hüpften und tanzten ausgelassen umher. Die Mutter aber sagte: „Los, geht und sucht Wackersteine, damit wollen wir dem schrecklichen Tier den Bauch füllen, während es noch schläft." So schnell es nur ging, schleppten die sieben Geißlein so viele Steine herbei, wie sie tragen konnten und steckten sie in den Wolfsbauch. Anschließend nähte die Mutter ihn in aller Geschwindigkeit wieder zu. Der Wolf merkte von alldem nichts und schnarchte einfach weiter.

Nachdem er endlich ausgeschlafen hatte, stand er auf und reckte sich. Weil ihm die Steine im Magen großen Durst machten, wollte er zu einem Brunnen gehen und trinken. Als er aber anfing zu gehen und sich hin- und herzubewegen, stießen die Steine in seinem Bauch aneinander und rappelten. Wütend rief er:

„Was rumpelt und pumpelt
in meinem Bauch herum?
Ich meinte, es wären sechs Geißlein,
doch sind's lauter Wackersteine."

Als er an den Brunnen kam, sich über das Wasser bückte und trinken wollte, zogen ihn die schweren Steine hinein, sodass er nicht mehr auftauchen konnte. Als die sieben Geißlein das sahen, kamen sie eilig herbeigelaufen und riefen laut: „Der Wolf ist tot! Der Wolf ist tot!" Glücklich und erleichtert, tanzten sie mit ihrer Mutter um den Brunnen herum.

Das tapfere Schneiderlein

An einem Sommermorgen saß ein Schneiderlein an seinem Tisch am Fenster, war guter Dinge und nähte fleißig. Da kam eine Bauersfrau die Straße herab und rief: „Gutes Mus zu verkaufen! Gutes Mus zu verkaufen!" Das klang dem Schneiderlein lieblich in den Ohren. Er steckte seinen Kopf zum Fenster hinaus und rief: „Hierherauf, liebe Frau, hier werden Sie Ihre Ware los."

Die Frau stieg die drei Treppenstufen mit ihrem schweren Korb zu dem Schneider herauf und packte auf sein Verlangen hin alle Töpfe vor ihm aus. Er schaute sich jeden einzelnen an, hob sie hoch, schnupperte daran und sagte endlich: „Das Mus scheint gut zu sein. Wiegen Sie mir doch vier Gramm ab, gute Frau, etwas mehr oder weniger ist auch in Ordnung." Die Frau, welche eigentlich gehofft hatte, mehr verkaufen zu können, gab ihm, was er verlangte. Doch als sie fortging, war sie sehr ärgerlich und brummig.

„Hm, lecker, dieses Mus werde ich mir schmecken lassen", rief das Schneiderlein. „Und es soll mir Kraft und Stärke geben." Er holte gleich das Brot aus dem Schrank, schnitt sich eine große Scheibe ab und strich das Mus darüber. „Das wird wirklich lecker schmecken", sprach er. „Aber erst möchte ich das Wams fertig machen, ehe ich abbeiße." Er legte das Brot neben sich, nähte weiter und machte vor Freude immer größere Stiche.

Währenddessen stieg der Geruch von dem süßen Mus hinauf an die Decke, wo die Fliegen in großer Menge saßen, sodass sie herangelockt wurden und sich in Scharen auf der Scheibe niederließen.

„He, wer hat euch eingeladen?", schimpfte das Schneiderlein und jagte die ungebetenen Gäste fort. Doch die Fliegen, die kein Wort von ihm verstanden, ließen sich nicht verjagen, sondern kamen in immer größerer Gesellschaft zurück. Da wurde es dem Schneiderlein endlich zu bunt. Er schnappte sich aus seiner Stoffkiste einen Lappen, rief: „Na wartet, euch werde ich es zeigen!", und schlug das Tuch unbarmherzig auf die Fliegen. Als er es abzog und zählte, lagen nicht weniger als sieben vor ihm tot und streckten die Beine empor.

„Was bist du nur für ein Kerl?", staunte er und musste selbst seine eigene Tapferkeit bewundern. „Das soll die ganze Stadt erfahren."

In aller Eile schnitt sich das Schneiderlein einen Gürtel, nähte ihn und stickte mit goldfarbenen Buchstaben darauf: „Sieben auf einen Streich!"

„Ach, was will ich mit der Stadt!", rief er ausgelassen. „Die ganze Welt soll's erfahren!" Sein Herz wackelte vor Freude wie ein Lämmerschwänzchen.

Der Schneider band sich den Gürtel um die Mitte und wollte in die Welt hinaus, weil er meinte, die Werkstätte sei zu klein für seinen Mut. Bevor er ging, suchte er im Haus herum, ob es etwas gäbe, das er mitnehmen sollte. Er fand nichts als einen alten Käse. Den steckte er ein. Vor dem Stadttor bemerkte

er einen Vogel, der sich in einem Gestrüpp verfangen hatte. Der musste zu dem Käse in die Tasche. So ausgestattet, machte er sich auf den Weg. Ganz leicht und flink fühlte er sich und überhaupt nicht müde.

Seine Route führte ihn auf einen Berg. Als er den höchsten Gipfel erreicht hatte, traf er auf einen mächtigen Riesen, der dort saß und sich gemächlich umsah. Schnurstracks ging das Schneiderlein auf ihn zu und sprach ihn an: „Guten Tag, Freund. Sitzt du hier und schaust dir die weite Welt an? Ich will dort hinausgehen und mich ausprobieren. Hast du Lust mitzugehen?"

Der Riese sah den Schneider verächtlich an und höhnte: „Du Waschlappen! Du Schwächling!"

„Von wegen!", erwiderte das Schneiderlein, knöpfte seinen Mantel auf und zeigte dem Riesen den Gürtel. „Da kannst du lesen, was ich für ein Mann bin."

Der Riese las „Sieben auf einen Streich".

Weil er dachte, es wären Menschen, die der Schneider erledigt hatte, bekam er ein wenig Respekt vor dem kleinen Kerl. Aber er wollte ihn erst prüfen, nahm einen Stein in die Hand und drückte ihn zusammen, bis das Wasser heraustropfte. „Das mach mir nach", verlangte der Riese. „Wenn du Stärke hast."

„Wenn's weiter nichts ist", meinte das Schneiderlein. „Das ist für einen wie mich eine Spielerei."

Er griff in die Tasche, schloss die Faust um den weichen Käse, holte ihn heraus und drückte ihn, bis der Saft herauslief. „Was meinst du", fragte er, „war das nicht eindeutig etwas besser?"

Der Riese wusste nicht, was er sagen sollte. Er konnte dem Männlein einfach nicht glauben. Darum hob er einen zweiten Stein auf und warf ihn so hoch, dass man ihn mit den Augen kaum noch sehen konnte: „Jetzt du, Witzfigur, mach mir das mal nach."

„Gut geworfen", lobte ihn der Schneider. „Aber der Stein ist doch schon wieder auf den Boden gefallen. Ich will einen für dich werfen, der gar nicht wieder herunterkommt." Er griff erneut in die Tasche, holte den Vogel hervor und warf ihn in die Luft. Der Vogel, froh über seine Freiheit, stieg auf, flog fort und kam nicht wieder.

„Wie gefällt dir das Kunststück, Kamerad?", fragte der Schneider.

„Werfen kannst du wohl", sagte der Riese. „Aber nun wollen wir sehen, ob du imstande bist, etwas Ordentliches zu tragen." Er führte das Schneiderlein zu einem mächtigen Eichbaum, der gefällt auf dem Boden lag, und sagte: „Wenn du stark genug bist, dann hilf mir, den Baum aus dem Wald herauszutragen."

„Gerne", antwortete der kleine Mann. „Nimm du mal den Stamm auf deine Schulter, ich werde die Äste mit dem Gezweig aufheben und tragen, das ist doch das Schwerste."

Der Riese hob den Stamm auf die Schulter, während der Schneider sich auf einen Ast setzte. Weil der Riese sich nicht umdrehen konnte, musste er den Baum und den Schneider zusammen schleppen. Der hatte hinten ordentlich Spaß und pfiff das Liedchen „Es ritten drei Schneider zum Tore hinaus", als wäre das Baumtragen für ihn ein Kinderspiel. Nachdem der

Riese die schwere Last ein Stück des Weges getragen hatte, konnte er nicht mehr und rief: „Hör mal, ich muss den Baum fallen lassen."

Flink sprang der Schneider herab, fasste den Baum mit beiden Armen, als ob er ihn getragen hätte, und sprach zum Riesen: „Du bist ein so großer Kerl und kannst nicht einmal einen Baum tragen."

Sie gingen zusammen weiter und als sie an einem Kirschbaum vorbeiliefen, fasste der Riese die Krone des Baums, wo die besten Früchte hingen, bog sie herab, gab sie dem Schneider in die Hand und forderte ihn auf zu essen. Das Schneiderlein aber war viel zu schwach, um den Baum zu halten und als der Riese losließ, schnellte die Spitze in die Höhe und riss den Schneider mit sich in die Luft. Als er wieder ohne Schaden hinabgefallen war, fragte der Riese: „Was ist das, hast du keine Kraft, um das schwache Bäumchen zu halten?"

„An der Kraft fehlt es nicht", entgegnete das Schneiderlein. „Meinst du, das wäre etwas für einen, der sieben mit einem Streich getroffen hat? Ich bin über den Baum gesprungen, weil die Jäger da unten in das Gebüsch schießen. Mach's mir nach, wenn du es kannst."

Der Riese wagte den Versuch, konnte aber nicht über den Baum springen, sondern blieb in den Ästen hängen, sodass das Schneiderlein auch hier die Oberhand behielt.

Der Riese sprach: „Wenn du ein so tapferer Kerl bist, so komm mit in unsere Höhle und übernachte bei uns." Das Schneiderlein war bereit und folgte ihm. Als sie in der Höhle anlangten, saßen da noch andere Riesen an einem Feuer. Jeder von ihnen hatte ein gebratenes Schaf in der Hand und aß davon. Das Schneiderlein sah sich um und dachte: „Es ist hier doch viel weitläufiger als in meiner Werkstatt."

Der Riese wies ihm ein Bett zu und sagte, er solle sich hineinlegen und ausschlafen. Das Bett war jedoch zu groß für den Schneider, weshalb er sich nicht hineinlegte, sondern sich lieber in eine Ecke verkroch. Als es Mitternacht war und der Riese meinte, das Schneiderlein würde tief und fest schlafen, stand er auf, nahm eine große Eisenstange, hieb das Bett mit einem Schlag entzwei und glaubte, er hätte dem Grashüpfer den Garaus gemacht.

Mit dem frühsten Morgen gingen die Riesen in den Wald und hatten das Schneiderlein ganz vergessen, da kam es auf einmal ganz lustig und verwegen dahergeschritten. Die Riesen erschraken, fürchteten, es wolle sie alle totschlagen und liefen in größter Hast davon.

Das Schneiderlein zog weiter, immer seiner spitzen Nase nach. Nachdem es lange gewandert war, kam es in den Hof eines königlichen Palastes und da es sehr müde war, legte es sich ins Gras und schlief ein. Während es dort lag, kamen die Leute, betrachteten es von allen Seiten und lasen auf dem Gürtel: „Sieben auf einen Streich."

„Ach," sprachen sie, „was will der große Kriegsheld hier mitten im Frieden? Das muss ein mächtiger Herr sein." Sie gingen und meldeten es dem König, und glaubten, dass wenn Krieg ausbrechen sollte, der schlafende Fremde ein wichtiger und nützlicher Mann wäre, weshalb man ihn um keinen Preis fortlassen dürfte.

Dem König gefiel der Rat. Darum schickte er einen von seinen Hofleuten zu dem Schneider. Dieser sollte ihm, wenn er aufgewacht wäre, Kriegsdienste anbieten. Der Abgesandte blieb bei dem Schlafenden stehen, wartete, bis der seine Glieder streckte und die Augen aufschlug, und brachte dann seinen Antrag vor.

„Eben deshalb bin ich hierhergekommen", behauptete der Schneider. „Ich bin bereit, in des Königs Dienste zu treten." Also wurde er ehrenvoll empfangen und bekam eine besondere Wohnung.

Die anderen Kriegsleute waren dem Schneiderlein ebenfalls aufgesessen und wünschten, es wäre tausend Meilen weit weg. „Was soll daraus werden?", jammerten sie untereinander. „Wenn wir Zank mit ihm kriegen und er haut zu, so fallen auf jeden Streich sieben. Da kann unsereiner nicht bestehen!" Also fassten sie einen Entschluss, begaben sich allesamt zum König und baten um ihren Abschied. „Wir sind nicht dafür gemacht", sprachen sie, „es neben einem Mann auszuhalten, der sieben auf einen Streich schlägt."

Der König war traurig, dass er um des einen willen alle seine treuen Diener verlieren sollte. Er wünschte, dass seine Augen den Schneider nie gesehen hätten und wäre ihn gerne wieder losgeworden. Aber er traute sich nicht, ihn fortzuschicken, weil er fürchtete, der Schneider könne ihn, den König, zusammen mit seinem ganzen Volk niederschlagen und sich auf den königlichen Thron setzen.

Der König sann lange hin und her, bis er endlich einen Rat fand. Er schickte einen Boten zu dem Schneiderlein und ließ ihm ausrichten, dass, weil es ein so großer Kriegsheld wäre, der König ihm einen Vorschlag machen wolle. In einem Wald seines Landes hausten zwei Riesen, die mit Rauben, Morden, Sengen und Brennen großen Schaden stifteten. Niemand konnte sich ihnen nähern, ohne sich in Lebensgefahr zu bringen. Wenn es dem Schneider gelänge, diese beiden Riesen zu überwinden und zu töten, so wollte der König ihm seine einzige Tochter zur Gemahlin geben und das halbe Königreich noch dazu. Bei der Durchführung der Tat sollten hundert Reiter mitziehen und dem Schneider Beistand leisten.

„Das wäre genau das Richtige für einen Mann wie dich!", dachte das Schneiderlein. „Eine schöne Königstochter und ein halbes Königreich werden einem nicht alle Tage angeboten."

„O ja", gab es zur Antwort. „Die Riesen will ich schon bändigen, die hundert Reiter brauche ich dazu nicht. Wer sieben auf einen Streich trifft, muss sich vor zweien nicht fürchten."

Das Schneiderlein zog los und die hundert Reiter folgten ihm. Als er zu dem Rand des Waldes kam, sprach er zu seinen Begleitern: „Bleibt ihr nur hier stehen, ich will schon allein mit den Riesen fertigwerden.“ Dann sprang er in den Wald hinein und schaute sich rechts und links um.

Nach einem kleinen Weilchen erblickte er beide Riesen: Sie lagen unter einem Baum und schliefen. Dabei schnarchten sie so sehr, dass sich die Äste auf- und niederbogen. Das Schneiderlein, nicht faul, füllte sich beide Taschen voller Steine und stieg damit auf den Baum. Als es zur Mitte geklettert war, rutschte es auf einen Ast, bis es gerade über den Schlafenden zu sitzen kam, und ließ dem einen Riesen einen Stein nach dem andern auf die Brust fallen. Der Riese spürte lange nichts, doch endlich wachte er auf, stieß seinen Begleiter an und sprach: „Was schlägst du mich?“

„Du träumst“, erwiderte der andere. „Ich schlage dich nicht.“ Sie schlossen erneut die Augen, um weiterzuschlafen. Da warf der Schneider auf den zweiten Riesen einen Stein herab. „Was soll das?“ rief der. „Warum bewirfst du mich?“

„Ich bewerfe dich nicht!“, antwortete der erste und brummte. Sie zankten sich eine Weile, doch weil sie müde waren, ließen sie es gut sein und die Augen fielen ihnen wieder zu. Das Schneiderlein fing sein Spiel von Neuem an, suchte den dicksten Stein aus und warf ihn dem ersten Riesen mit aller Gewalt auf die Brust.

„Das geht zu weit!“, schrie der, sprang wie ein Wahnsinniger auf und stieß seinen Freund gegen den Baum, sodass dieser erzitterte. Der andere zahlte es ihm mit gleicher Münze heim und sie gerieten derart in Rage, dass sie Bäume ausrissen und damit aufeinander einschlugen, so lange, bis sie beide gleichzeitig tot auf die Erde fielen. Nun sprang das Schneiderlein herab.

„Ein Glück nur“, sprach es, „dass sie den Baum, auf dem ich saß, nicht ausgerissen haben, sonst hätte ich wie ein Eichhörnchen auf einen anderen springen müssen. Aber meinesgleichen ist flink.“

Es zog sein Schwert und versetzte beiden Riesen ein paar tüchtige Hiebe in die Brust, dann ging es hinaus zu den Reitern und verkündete: „Die Arbeit ist getan, ich habe beiden den Garaus gemacht, aber es ist ziemlich wild hergegangen, sie haben in der Not Bäume ausgerissen und sich gewehrt, doch das hilft alles nichts, wenn einer kommt wie ich, der sieben auf einen Streich schlägt.“

„Seid Ihr denn nicht verwundet?“, fragten die Reiter.

„Da seid unbesorgt,“ antwortete der Schneider. „Kein Haar haben sie mir gekrümmt.“

Die Reiter wollten ihm seine Geschichte nicht glauben und ritten in den Wald hinein. Dort fanden sie die Riesen reglos am Boden liegen und ringsherum die ausgerissenen Bäume. Das Schneiderlein verlangte von dem König die versprochene Belohnung, der aber bereute sein Versprechen und er überlegte aufs Neue, wie er sich den Helden vom Halse schaffen könnte. „Ehe du meine Tochter und das halbe Reich erhältst", sprach er zu ihm, „musst du noch eine Heldentat vollbringen. In dem Wald läuft ein Einhorn umher, das großen Schaden anrichtet. Das musst du erst einfangen."

„Vor einem Einhorn fürchte ich mich noch weniger als vor zwei Riesen. Sieben auf einen Streich, das ist meine Sache", rief der Schneider, nahm einen Strick und eine Axt mit, ging hinaus in den Wald, und befahl abermals den Reitern, welche ihm zugeordnet waren, davor zu warten.

Er brauchte nicht lange zu suchen, bis er das Einhorn entdeckte. Es rannte geradezu auf den Schneider los, als wollte es ihn ohne Umstände aufspießen.

„Sachte, sachte!", sprach der. „So geschwind geht das nicht," blieb stehen und wartete, bis das Tier ganz nahe war, dann sprang er behände hinter einen Baum. Das Einhorn rannte mit aller Kraft gegen den Stamm und rammte sein Horn so fest in das Holz, dass es nicht genug Kraft hatte, um es wieder herauszuziehen. Es war gefangen.

„Jetzt hab ich das Vöglein!", frohlockte der Schneider, kam hinter dem Baum hervor, legte dem Einhorn den Strick um den Hals, hieb mit der Axt das Horn aus dem Stamm und führte dann, als alles in Ordnung war, das Tier zum König.

Der König wollte ihm den versprochenen Lohn immer noch nicht gewähren, sondern stellte eine dritte Forderung. Der Schneider musste ihm vor der Hochzeit erst ein Wildschwein fangen, das ebenfalls in dem Wald großen Schaden anrichtete. Die Jäger sollten ihm dabei Hilfe leisten.

„Gerne!“, sprach der Schneider. „Das ist ein Kinderspiel.“ Die Jäger nahm er nicht mit in den Wald, und sie waren wohl zufrieden, denn das Wildschwein hatte sie schon mehrmals so empfangen, dass sie keine Lust hatten, ihm nachzustellen.

Als das Schwein den Schneider erblickte, lief es mit schäumendem Mund und wetzenden Zähnen auf ihn zu und wollte ihn zur Erde werfen. Der flüchtige Kerl aber sprang in eine Kapelle, die in der Nähe war, und gleich oben zum Fenster in einem Satz wieder hinaus. Das Schwein war hinter ihm hergelaufen. Der Schneider aber hüpfte außen herum und schlug die Tür hinter ihm zu. Da war das wütende Tier gefangen, das viel zu schwer und unbeholfen war, um aus dem Fenster hinauszuspringen. Das Schneiderlein rief die Jäger herbei, damit sie das gefangene Tier mit eigenen Augen sehen konnten. Er selbst aber begab sich zum König, der nun, er mochte wollen oder nicht, sein Versprechen halten musste und ihm seine Tochter und das halbe Königreich übergab.

Hätte er gewusst, dass kein Kriegsheld, sondern ein Schneiderlein vor ihm stand, es wäre ihm noch mehr zu Herzen gegangen. Die Hochzeit fand mit großer Pracht und kleiner Freude statt und aus dem Schneider wurde ein König.

Nach einiger Zeit hörte die junge Königin in der Nacht, wie ihr Gemahl im Traum sprach: „Junge, mach mir das Wams und flick mir die Hosen oder ich will dir die Elle über die Ohren schlagen.“ Da wusste sie, dass ihr neuer Gatte zuvor nie ein Edelmann gewesen war.

Am nächsten Morgen klagte sie ihrem Vater ihr Leid und bat, er möge ihr helfen, den Mann loszuwerden, der nichts anders war als ein Schneider. Der König sprach ihr Trost zu und sagte: „Lass in der nächsten Nacht deine Schlafkammer offen, meine Diener sollen davorstehen und wenn er eingeschlafen ist, hineingehen, ihn fesseln und auf ein Schiff tragen, das ihn in die weite Welt führt.“ Die Frau war damit zufrieden.

Der Waffenträger des Königs aber, der alles mit angehört hatte, mochte den Schneider und eröffnete ihm den ganzen Plan.

„Dem Ding will ich einen Riegel vorschieben“, sagte das Schneiderlein.

Abends legte es sich zu gewöhnlicher Zeit mit seiner Frau ins Bett. Als sie glaubte, er sei eingeschlafen, stand sie auf, öffnete die Tür und legte sich wieder hin. Das Schneiderlein, das sich jedoch schlafend stellte, fing an mit heller Stimme zu rufen: „Junge, mach mir das Wams und flick mir die Hosen oder ich will dir die Elle über die Ohren schlagen! Ich habe sieben mit einem Streich getroffen, zwei Riesen getötet, ein Einhorn fortgeführt und ein Wildschwein gefangen und soll mich vor denen fürchten, die draußen vor der Kammer stehen!"

Als die Diener den Schneider so sprechen hörten, überkam sie eine große Furcht. Sie flüchteten so schnell, als ob ein ganzes Heer hinter ihnen her wäre. Niemand wagte es mehr, dem Schneider zu nahe zu kommen. Also war und blieb das Schneiderlein sein Lebtag König.

Schneeweißchen und Rosenrot

Eine arme Witwe lebte in einer einsamen Hütte. Vor der Hütte war ein Garten, darin standen zwei Rosenbäumchen, davon trug das eine weiße und das andere rote Rosen. Die Frau hatte zwei Töchter, die glichen den beiden Rosenbäumchen, darum hieß die eine Schneeweißchen und die andere Rosenrot. Die beiden Mädchen waren so friedlich, arbeitsam und freundlich wie keine zwei anderen Kinder auf der Welt. Schneeweißchen war etwas stiller und sanfter als Rosenrot. Rosenrot sprang am liebsten in den Wiesen und Feldern umher, suchte Blumen und fing Sommervögel. Schneeweißchen hingegen saß daheim bei der Mutter, half ihr im Haushalt oder las ihr vor, wenn nichts zu tun war.

Die beiden Mädchen hatten einander so lieb, dass sie sich immer an den Händen hielten, wenn sie miteinander unterwegs waren, und wenn Schneeweißchen sagte: „Wir wollen uns niemals verlassen", antwortete Rosenrot: „Solange wir leben nicht!" Und die Mutter setzte hinzu: „Was die eine hat, soll sie mit der anderen teilen."

Oft liefen die Mädchen allein im Wald umher und sammelten rote Beeren, aber kein Tier tat ihnen etwas zuleide, sondern sie kamen vertraulich herbei: Das Häschen fraß ein Kohlblatt aus ihren Händen, das Reh graste an ihrer Seite, der Hirsch sprang ganz lustig vorbei und die Vögel blieben auf den Ästen sitzen und sangen, so schön sie nur konnten. Nie geschah den Mädchen etwas. Wenn sie sich im Wald verspätet hatten und die Nacht hereinbrach, legten sie sich nebeneinander auf das Moos und schliefen, bis der Morgen kam. Die Mutter wusste das und hatte ihretwegen keine Sorge.

Einmal, als sie im Wald übernachtet hatten und das Morgenrot sie aufweckte, sahen die Mädchen ein schönes Kind in einem weißen, glänzenden Kleidchen neben ihrem Lager sitzen. Es stand auf, blickte sie sehr freundlich an, sprach aber nicht und ging in den Wald hinein. Als die Schwestern sich umsahen, erkannten sie, dass sie ganz dicht an einem Abgrund geschlafen hatten und sicherlich hinuntergefallen wären, wenn sie in der Dunkelheit noch einen weiteren Schritt getan hätten. Die Mutter sagte ihnen, das Kind müsse der Engel gewesen sein, der gute Kinder bewache.

Schneeweißchen und Rosenrot hielten die Hütte der Mutter so reinlich, dass es eine Freude war hineinzuschauen. Im Sommer kümmerte sich Rosenrot um das Haus und stellte der Mutter jeden Morgen, ehe sie aufwachte, einen Blumenstrauß vors Bett, darin war von jedem Bäumchen eine Rose. Im Winter zündete Schneeweißchen das Feuer an und hängte den Kessel an den Feuerhaken. Der Kessel war aus Messing, glänzte aber wie Gold, so rein hatte sie ihn gescheuert. Abends, wenn die Flocken fielen, sagte die Mutter: „Geh, Schneeweißchen, und schieb den Riegel vor.“ Dann hockten sie sich an den Herd, die Mutter setzte die Brille auf und las aus einem großen Buch vor. Die beiden Mädchen hörten zu, nähten und spannen. Neben ihnen lag ein Lämmchen auf dem Boden und hinter ihnen auf einer Stange saß ein weißes Täubchen, den Kopf unter die Flügel gesteckt.

Eines Abends, als sie so vertraulich beisammensaßen, klopfte jemand an die Tür, als wollte er eingelassen werden. Die Mutter sprach: „Geschwind, Rosenrot, mach auf, es wird ein Wanderer sein, der ein Nachtlager sucht.“

Rosenrot ging, zog den Riegel zurück und erwartete einen armen Mann vor der Tür stehen zu sehen. Doch auf der anderen Seite war ein Bär und streckte seinen dicken schwarzen Kopf durch den Rahmen. Rosenrot schrie laut und sprang zurück. Das Lämmchen blökte, das Täubchen flatterte auf und Schneeweißchen versteckte sich hinter dem Bett ihrer Mutter. Der Bär aber fing an zu sprechen und sagte: „Fürchtet euch nicht, ich tue euch nichts zuleide. Ich bin halb erfroren und will mich nur ein wenig bei euch wärmen.“

„Du armer Bär“, sprach die Mutter. „Leg dich ans Feuer und gib nur acht, dass dein Pelz nicht anbrennt.“ Dann rief sie: „Schneeweißchen, Rosenrot, kommt hervor, der Bär tut euch nichts, er meint's ehrlich.“

Da kamen sie beide heran und nach und nach näherten sich auch das Lämmchen und das Täubchen und hatten keine Furcht vor dem Bären. Der sprach: „Ihr Mädchen, klopft mir den Schnee ein wenig aus dem Pelzwerk.“

Die Schwestern holten den Besen und kehrten dem Bären das Fell rein. Der legte sich ans Feuer und brummte vergnügt und behaglich.

Es dauerte nicht lange, bis sie ganz vertraut miteinander waren und die Mädchen Späße mit dem unbeholfenen Gast trieben. Sie zerzausten ihm das Fell mit den Händen, legte ihre Füßchen auf seinen Rücken und rollten ihn hin und her. Oder sie nahmen eine Haselrute, um ihm damit auf den Po zu klopfen und wenn er brummte, lachten sie. Der Bär ließ das alles mit sich machen, nur wenn sie's gar zu arg trieben, rief er:

„Lasst mich am Leben, ihr Mädchen!
Schneeweißchen, Rosenrot,
schlägt dir den Freier tot."

Als Schlafenszeit war und die andern zu Bett gingen, sagte die Mutter zu dem Bären: „Du kannst da am Herd liegen bleiben, so bist du vor der Kälte und dem bösen Wetter geschützt." Sobald der Tag graute, ließen ihn die beiden Kinder hinaus und er trabte über den Schnee in den Wald hinein.

Von nun an kam der Bär jeden Abend zu der bestimmten Stunde, legte sich an den Herd und erlaubte den Schwestern, Kurzweil mit ihm zu treiben, soviel sie wollten. Bald waren sie so an ihn gewöhnt, dass sie die Tür nicht verschlossen, bis der schwarze Gesell vor dem Herd lag.

Als das Frühjahr herangekommen und draußen alles grün war, sagte der Bär eines Morgens zu Schneeweißchen: „Nun muss ich fort und darf den ganzen Sommer über nicht wiederkommen."

„Wo gehst du denn hin, lieber Bär?", fragte Schneeweißchen.

„Ich muss in den Wald und meine Schätze vor den bösen Zwergen hüten. Im Winter, wenn die Erde hart gefroren ist, müssen sie wohl unten bleiben und können sich nicht rausarbeiten, aber jetzt, wenn die Sonne die Erde aufgetaut und erwärmt hat, brechen sie durch, steigen herauf, suchen und stehlen. Was einmal in ihren Händen ist und in ihren Höhlen liegt, das kommt so leicht nicht wieder ans Tageslicht."

Schneeweißchen war ganz traurig über den Abschied. Als sie ihm die Tür aufriegelte und der Bär sich hinausdrängte, blieb er an dem Türhaken hängen und ein Stück seines Fells riss auf. Da schien es Schneeweißchen, als hätte sie Gold durchschimmern gesehen. Aber sie war sich nicht sicher. Der Bär lief eilig fort und war bald hinter den Bäumen verschwunden.

Nach einiger Zeit schickte die Mutter ihre Töchter in den Wald, um Reisig zu sammeln. Dabei fanden sie draußen einen großen Baum, der gefällt auf dem Boden lag. An seinem Stamm sprang zwischen dem Gras etwas auf und ab, aber sie konnten nicht erkennen, was es war. Als sie näher kamen, sahen sie einen Zwerg mit einem alten, verwelkten Gesicht und einem ellenlangen schneeweißen Bart. Das Ende des Bartes war in eine Spalte des Baums eingeklemmt und der Kleine hüpfte hin und her wie ein Hündchen an einem Seil und wusste nicht, wie er sich helfen sollte. Er glotzte die Mädchen mit seinen roten, feurigen Augen an und schrie: „Was steht ihr da! Könnt ihr nicht herkommen und mir Hilfe leisten?"

„Was ist dir denn passiert, kleines Männchen?", fragte Rosenrot.

„Dumme, neugierige Gans!", wetterte der Zwerg. „Den Baum habe ich mir spalten wollen, um etwas Holz in der Küche zu haben. Bei den dicken Klötzen verbrennt gleich das bisschen Speise, das unsereiner braucht. Wir schlingen nicht so viel herunter wie ihr grobes, gieriges Volk. Ich hatte den Keil schon glücklich hineingetrieben und es wäre alles nach Plan gegangen, aber das verwünschte Holz war zu glatt und sprang unversehens heraus. Der Baum schnellte so geschwind zusammen, dass ich meinen schönen weißen Bart nicht mehr herausziehen konnte. Jetzt steckt er drin und ich kann nicht fort. Da lachen die albernen, glatten Milchgesichter! Pfui, was seid ihr garstig!“

Die Mädchen gaben sich alle Mühe, aber sie konnten den Bart nicht herausziehen, er steckte zu fest.

„Ich will laufen und Leute herbeiholen“, sagte Rosenrot.

„Wahnsinnige Schafsköpfe“, schnarrte der Zwerg. „Wer wird gleich Leute herbeirufen, ihr seid mir schon zu zweit zu viel. Fällt euch nicht Besseres ein?“

„Sei nur nicht gleich so ungeduldig“, mahnte Schneeweißchen ihn. „Ich habe schon eine Idee.“

Sie zog ihr Scherchen aus ihrer Tasche und schnitt das Ende des Bartes ab. Sobald er sich frei fühlte, griff der Zwerg nach einem Sack, der zwischen den Wurzeln des Baums steckte und mit Gold gefüllt war, hob ihn heraus und brummte vor sich hin: „Ungehobeltes Volk, schneidet mir ein Stück von meinem stolzen Bart ab! Lohn's euch der Kuckuck!“ Damit schwang er seinen Sack auf den Rücken und ging fort, ohne die Mädchen auch nur noch einmal anzusehen.

Einige Zeit danach wollten Schneeweißchen und Rosenrot ein paar Fische angeln. Als sie nah bei dem Bach waren, sahen sie, dass etwas wie eine große Heuschrecke in Richtung des Wassers hüpfte, als wollte es hineinspringen. Sie liefen näher heran und erkannten den Zwerg.

„Wo willst du hin?", fragte Rosenrot. „Du willst doch nicht ins Wasser?"

„Solch ein Narr bin ich nicht", schrie der Zwerg. „Seht ihr nicht? Der verwünschte Fisch will mich hineinziehen!"

Der Kleine hatte dagesessen und geangelt, und unglücklicherweise hatte der Wind seinen Bart mit der Angelschnur verflochten. Als gleich darauf ein großer Fisch anbiss, fehlten dem schwachen Geschöpf die Kräfte, ihn herauszuziehen. Der Fisch behielt die Oberhand und riss den Zwerg zu sich hin. Zwar hielt er sich an allen Halmen und Binsen fest, aber das half nicht viel, er musste den Bewegungen des Fisches folgen und war in beständiger Gefahr, ins Wasser gezogen zu werden.

Die Mädchen kamen zu rechter Zeit, hielten ihn fest und versuchten, den Bart von der Schnur loszumachen, aber vergebens. Beide waren fest ineinander verwirrt. Es blieb nichts übrig, als das Scherchen hervorzuholen und den Bart abzuschneiden, wobei ein kleiner Teil desselben verloren ging. Als der Zwerg das sah, schrie er sie an: „Ist das manierlich, ihr Lurche, einem derart das Gesicht zu schänden? Nicht genug, dass ihr mir den Bart unten gestutzt habt, jetzt schneidet ihr mir auch noch den besten Teil davon ab! Ich darf mich vor den Meinigen gar nicht mehr sehen lassen. Ich wünschte, ihr müsstet so wild laufen, dass ihr eure Schuhsohlen verliert!"

Dann holte er einen Sack Perlen, der im Schilf lag. Ohne ein weiteres Wort zu sagen, schleppte er ihn fort und verschwand hinter einem Stein.

Es trug sich zu, dass bald darauf die Mutter die beiden Mädchen in die Stadt schickte, um Zwirn, Nadeln, Schnüre und Bänder einzukaufen. Der Weg führte sie über eine Heide, auf der hier und da mächtige Felsenstücke verstreut lagen. Da sahen sie einen großen Vogel in der Luft schweben, der

langsam über ihnen kreiste, sich immer tiefer herabsenkte und plötzlich nicht weit bei einem Felsen niederstieß. Gleich darauf hörten sie einen durchdringenden, jämmerlichen Schrei. Sie liefen zu der Stelle und sahen mit Schrecken, dass der Adler ihren alten Bekannten, den Zwerg, gepackt hatte und ihn forttragen wollte. Die mitleidigen Mädchen hielten das Männchen fest und rangelten so lange mit dem Adler herum, bis er seine Beute fallen ließ.

Als der Zwerg sich von dem ersten Schrecken erholt hatte, schrie er mit einer kreischenden Stimme: „Konntet ihr nicht vorsichtiger mit mir umgehen? Gerissen habt ihr an meinem dünnen Hemd, dass es überall zerfetzt und durchlöchert ist, unbeholfenes und läppisches Gesindel, das ihr seid!“ Dann nahm er einen Sack mit Edelsteinen und schlüpfte wieder unter den Felsen in seine Höhle. Die Mädchen waren an seinen Undank schon gewöhnt, setzten ihren Weg fort und verrichteten ihre Einkäufe in der Stadt.

Als sie auf dem Heimweg wieder auf die Heide kamen, überraschten sie den Zwerg erneut. Er hatte auf einem reinlichen Plätzchen seinen Sack mit Edelsteinen ausgeschüttet und nicht gedacht, dass so spät noch jemand vorbeikommen würde. Die Abendsonne schien über die glänzenden Steine und sie schimmerten und leuchteten so prächtig in allen Farben, dass die Schwestern stehen blieben und sie betrachteten.

„Was steht ihr da und guckt so blöd!“, schrie der Zwerg und sein aschgraues Gesicht wurde zinnoberrot vor Zorn. Er wollte mit seinen Schimpfworten fortfahren, als sich ein lautes Brummen hören ließ und ein schwarzer Bär aus dem Wald herbeitrabte. Erschrocken sprang der Zwerg auf, aber er konnte nicht mehr zu seinem Schlupfwinkel gelangen, der Bär war schon in seiner Nähe. Da rief er in Herzensangst: „Lieber Herr Bär, verschont mich, ich will Euch alle meine Schätze geben, seht, die schönen Edelsteine, die da liegen. Schenkt mir das Leben, was habt Ihr an mir kleinem, schmächtigem Kerl? Ihr spürt mich nicht zwischen den Zähnen. Da, packt die beiden doofen Mädchen, das sind für Euch zarte Bissen, fett wie junge Wachteln. Fresst bloß lieber diese beiden."

Der Bär kümmerte sich nicht um seine Worte, sondern gab dem boshaften Geschöpf einen einzigen Schlag mit der Tatze. Danach regte es sich nicht mehr.

Die Mädchen waren fortgelaufen, aber der Bär rief ihnen nach: „Schneeweißchen und Rosenrot, fürchtet euch nicht, wartet, ich will mit euch gehen."

Da erkannten sie seine Stimme und blieben stehen. Als der Bär bei ihnen war, fiel plötzlich die Bärenhaut ab und er verwandelte sich in einen schönen, ganz in Gold gekleideten jungen Mann.

„Ich bin ein Königssohn", sprach er. „Der böse Zwerg hatte mir all meine Schätze gestohlen und mich verwandelt, sodass ich als wilder Bär im Wald herumstreifen musste. Nur sein Tod konnte mich erlösen. Jetzt hat er seine wohlverdiente Strafe empfangen."

Schneeweißchen ließ sich mit ihm vermählen und Rosenrot nahm seinen Bruder zum Mann und sie teilten die großen Schätze miteinander, die der Zwerg in seiner Höhle zusammengetragen hatte. Die alte Mutter lebte noch lange Jahre ruhig und glücklich bei ihren Kindern. Die zwei Rosenbäumchen aber nahm sie mit. Sie standen vor ihrem Fenster und trugen jedes Jahr die schönsten Rosen – weiß und rot.

Die sieben Raben

Ein Mann hatte sieben Söhne und leider kein Töchterchen, sosehr er sich auch eines wünschte. Endlich gab ihm seine Frau wieder gute Hoffnung auf ein Kind und als es zur Welt kam, war es ein Mädchen. Die Freude war groß, aber das Kind war schmächtig und klein und sollte wegen seiner Schwachheit rasch getauft werden.

Der Vater schickte einen der Jungen schnell zur Quelle, um Taufwasser zu holen. Die anderen sechs kamen mit und weil jeder der Erste beim Schöpfen sein wollte, fiel ihnen der Krug in den Brunnen. Da standen sie und wussten nicht, was sie tun sollten. Keiner traute sich heim. Als sie immer noch nicht zurückkamen, wurde der Vater ungeduldig und sprach: „Gewiss haben sie wieder alles über ein Spiel vergessen, diese unverschämten Jungen." Er hatte große Angst, dass seine Tochter ungetauft verscheiden müsste. In seinem Ärger rief er: „Ich wünschte, dass die Jungen alle zu Raben würden!"

Kaum war das letzte Wort gesprochen, hörte er ein Flügelrauschen über seinem Kopf in der Luft. Er blickte in die Höhe und sah sieben kohlschwarze Raben auf und davon fliegen.

Die Eltern konnten die Verwünschung nicht mehr zurücknehmen und so traurig sie über den Verlust ihrer sieben Söhne waren, trösteten sie sich immerhin ein klein wenig durch ihr liebes Töchterchen, das bald zu Kräften kam und mit jedem Tage schöner wurde. Es wusste lange Zeit nicht einmal, dass es Geschwister gehabt hatte, denn die Eltern hüteten sich, dies ihm gegenüber zu erwähnen.

Doch eines Tages hörte das Mädchen zufällig ein paar Leute untereinander flüstern, dass sie wohl sehr schön sei, allerdings eigentlich Schuld an dem Unglück ihrer sieben Brüder habe. Da wurde sie sehr traurig, ging zu Vater und Mutter und fragte, ob sie Brüder gehabt hätte und wohin diese verschwunden wären. Jetzt konnten die Eltern das Geheimnis nicht länger verschweigen, sagten jedoch, es sei der Wille des Himmels und ihre Geburt nur der unschuldige Anlass gewesen.

Aber das Mädchen fühlte sich schuldig und beschloss, ihre Geschwister zu erlösen. Sie hatte nicht Ruhe und Rast, bis sie sich heimlich aufmachte und in die weite Welt ging, um ihre Brüder irgendwo aufzuspüren und zu befreien, koste es, was es wolle. Sie nahm nichts mit sich als ein Ringlein als Andenken an ihre Eltern, einen Laib Brot für den Hunger, ein Krüglein Wasser für den Durst und ein Stühlchen für die Müdigkeit.

Von da an ging sie immerzu, weit, weit, bis ans Ende der Welt. Dort kam sie zur Sonne, aber die war zu heiß und fürchterlich und fraß kleine Kinder. Eilig lief das Mädchen fort, hin zu dem Mond, aber der war schrecklich kalt und zudem gruselig und böse und als er das Kind bemerkte, sprach er: „Ich rieche Menschenfleisch."

So schnell sie nur konnte, floh sie und kam zu den Sternen, die waren freundlich und gut. Jeder saß auf seinem besonderen Stühlchen. Der Morgenstern aber stand auf, gab dem Mädchen einen Hühnerbeinknochen und sprach: „Wenn du das Beinchen nicht hast, kannst du den Glasberg nicht aufschließen. In diesem Glasberg sind deine Brüder." Das Mädchen nahm das Beinchen, wickelte es sicher in ein Tüchlein und ging wieder fort.

Sie wanderte immer weiter, bis sie an den Glasberg kam. Das Tor war verschlossen und sie wollte das Beinchen hervorholen, aber als sie das Tüchlein aufmachte, war es leer. Sie hatte das Geschenk der guten Sterne verloren. Was sollte sie jetzt bloß tun? Ihre Brüder wollte sie erretten und hatte keinen Schlüssel zum Glasberg. In ihrer Verzweiflung nahm das gute Schwesterchen ein Messer, schnitt sich ein kleines Fingerchen ab, steckte es in das Tor und schloss glücklich auf. Als sie eingetreten war, kam ihr ein Zwerglein entgegen, das fragte: „Mein Kind, was suchst du?"

„Ich suche meine Brüder, die sieben Raben", antwortete sie.

Der Zwerg sprach: „Die Herren Raben sind nicht zu Hause, aber du kannst hier so lang warten, bis sie kommen. Tritt ein."

Darauf trug das Zwerglein die Speisen der Raben auf sieben Tellerchen und in sieben Becherchen herein. Von jedem Tellerchen aß das Schwesterchen ein Bröckchen und aus jedem Becherchen trank es ein Schlückchen. In das letzte Becherchen schließlich ließ sie das Ringlein fallen, das sie mitgenommen hatte.

Auf einmal hörte das Mädchen in der Luft ein Flattern und ein Rauschen. Da verkündete das Zwerglein: „Jetzt kommen die Herren Raben heimgeflogen."

So war es. Als sie gelandet waren, wollten sie essen und trinken und suchten ihre Tellerchen und Becherchen. Plötzlich sprach einer nach dem andern: „Wer hat von meinem Tellerchen gegessen? Wer hat aus meinem Becherchen getrunken? Das ist ein Menschenmund gewesen." Und als der siebte auf den Grund seines Bechers blickte, rollte ihm das Ringlein entgegen. Er betrachtete es und erkannte, dass es ein Ring von Vater und Mutter war. Da sprach er: „Ich wünschte, unser Schwesterlein wäre da, so wären wir erlöst." Als das Mädchen, das hinter der Tür stand und lauschte, den Wunsch hörte, trat es hervor. Sofort bekamen alle die Raben ihre menschliche Gestalt zurück.

Fest umarmten, küssten und herzten sie einander voller Freude und gingen glücklich heim.

Die Bremer Stadtmusikanten

Es hatte ein Mann einen Esel, der schon lange Jahre die Säcke unverdrossen zur Mühle getragen hatte, dessen Kräfte aber nun zu Ende gingen, sodass er für die Arbeit immer untauglicher wurde. Deshalb dachte der Herr daran, ihn loszuwerden, um Futter zu sparen, aber der Esel merkte, dass kein guter Wind wehte, lief fort und machte sich auf den Weg nach Bremen. Dort, meinte er, könnte er ja Stadtmusikant werden.

Als er ein Weilchen gelaufen war, sah er einen Jagdhund auf dem Weg liegen, der japste wie einer, der sich müde gelaufen hat.

„Nun, was japst du so, Packan?“, fragte der Esel.

„Ach“, antwortete der Hund, „weil ich alt bin und jeden Tag schwächer werde, auch auf der Jagd nicht mehr mithalten kann, hat mich mein Herr totschlagen wollen. Also hab ich Reißaus genommen. Aber womit soll ich nun mein Brot verdienen?“

„Weißt du, was?“, sprach der Esel. „Ich gehe nach Bremen und werde dort Stadtmusikant. Komm doch mit und lass uns zusammen musizieren. Ich spiele die Laute und du schlägst die Pauken.“ Der Hund war einverstanden und sie gingen weiter.

Es dauerte nicht lange, da saß eine Katze an dem Weg und zog ein Gesicht wie drei Tage Regenwetter.

„Nun, was ist dir in die Quere gekommen, alter Bartputzer?", sprach der Esel.

„Wer kann da lustig sein, wenn's einem an den Kragen geht", antwortete die Katze. „Weil ich nun nicht mehr die Jüngste bin, meine Zähne stumpf werden und ich lieber hinter dem Ofen sitze und schlafe, als nach Mäusen zu jagen, hat mich meine Frau ertränken wollen. Ich habe zwar flüchten können, aber nun ist guter Rat teuer: Wo soll ich hin?"

„Geh mit uns nach Bremen! Du verstehst dich doch auf die Nachtmusik, da kannst du ein Stadtmusikant werden." Die Katze hielt das für eine gute Idee und ging mit.

Darauf kamen die drei Flüchtigen an einem Hof vorbei, auf dessen Tor ein Hahn saß und aus Leibeskräften krähte.

„Du schreist einem durch Mark und Bein“, sprach der Esel. „Was hast du vor?“

„Da hab ich gutes Wetter prophezeit“, sprach der Hahn, „weil morgen Feiertag ist, weshalb unsere Herrin heute waschen und trocknen möchte. Aber da am Sonntag Gäste kommen, hat die Hausfrau dennoch kein Erbarmen und der Köchin gesagt, sie wolle mich dazu in der Suppe essen. Deshalb soll mir heute Abend der Kopf abgeschnitten werden. Jetzt schrei ich aus vollem Hals, solang ich kann.“

„Ach was, du Rotkopf“, sagte der Esel. „Zieh lieber mit uns fort. Wir gehen nach Bremen, etwas Besseres als den Tod findest du überall. Du hast eine gute Stimme und wenn wir zusammen musizieren, wird das wunderbar klingen.“ Der Hahn stimmte in den Vorschlag ein und alle vier gingen zusammen fort.

Sie konnten aber die Stadt Bremen in einem Tag nicht erreichen und kamen abends in einen Wald, in dem sie übernachten wollten. Der Esel und der Hund legten sich unter einen großen Baum, die Katze machte es sich in den Ästen bequem und der Hahn flog bis an die Spitze, wo es am sichersten für ihn war. Ehe er einschlief, sah er sich noch einmal in allen vier Windrichtungen um. Da schien es ihm, als würde er in der Ferne ein Fünkchen brennen sehen. Sofort rief er seinen Gesellen zu, es müsse nicht weit entfernt ein Haus stehen, denn es leuchte ein Licht.

Sprach der Esel: „So müssen wir uns aufmachen und noch hingehen, denn hier ist die Herberge schlecht.“

Der Hund meinte: „Ein paar Knochen und etwas Fleisch dran täten mir auch gut.“

Also begaben sie sich auf den Weg in die Richtung, aus der das Licht kam. Bald sahen sie es stärker schimmern und es wurde immer größer und größer, bis sie vor ein hell, erleuchtetes Räuberhaus kamen.

Der Esel, als der Größte, näherte sich dem Fenster und schaute hinein. „Was siehst du, Grauschimmel?“, fragte der Hahn.

„Was ich sehe?“, wiederholte der Esel. „Einen gedeckten Tisch mit schönem Essen und Trinken. Darum sitzen Räuber und lassen es sich gut gehen.“

„Das wäre was für uns“, seufzte der Hahn.

„Jaja, ach, wären wir da!“, stimmte der Esel zu. Gemeinsam beratschlagten die Tiere, wie sie es anstellen müssten, um die Räuber hinauszujagen und fanden endlich eine Lösung: Der Esel musste sich mit den Vorderfüßen auf das Fensterbrett stellen, der Hund sprang auf den Rücken des Esels, die Katze kletterte auf den Hund und zuletzt flog der Hahn hinauf und setzte sich der Katze auf den Kopf. Als alle bereit waren, fingen sie auf ein Zeichen hin an, ihre Musik zu spielen: Der Esel schrie, der Hund bellte, die Katze miaute und der Hahn krähte. Dann stürzten sie so heftig durch das Fenster in die Stube hinein, dass die Scheiben klirrten. Die Räuber fuhren bei dem entsetzlichen Geschrei in die Höhe, meinten nichts anderes als ein Gespenst käme herein und flohen in größter Furcht in den Wald hinaus.

Nun setzten sich die vier Tiergesellen an den Tisch, nahmen mit dem vorlieb, was übrig geblieben war, und aßen nach Herzenslust. Als die vier Spielleute fertig waren, löschten sie das Licht und suchten sich eine Schlafstelle, jeder nach seiner Natur und Bequemlichkeit. Der Esel legte sich auf den Mist, der Hund hinter die Tür, die Katze auf den Herd bei der warmen Asche und der Hahn setzte sich auf den Hahnenbalken. Weil sie müde waren von ihrem langen Weg, schliefen sie rasch ein.

Als Mitternacht vorbei war und die Räuber von Weitem sahen, dass kein Licht mehr im Haus brannte, auch alles ruhig schien, sprach der Hauptmann: „Wir hätten uns wirklich nicht derart ins Bockshorn jagen lassen sollen", und schickte einen los, um in das Haus zu gehen und es zu untersuchen.

Der Gesandte fand alles still, ging in die Küche und wollte Licht anzünden. In der Dunkelheit verwechselte er die glühenden, feurigen Augen der Katze mit Kohlen und hielt ein Schwefelholz daran, um sie anzuzünden. Aber die Katze verstand keinen Spaß, sprang ihm ins Gesicht, spie und kratzte. Da erschrak er gewaltig, lief und wollte zur Hintertüre hinaus, aber der Hund, der dort lag, sprang auf und biss ihn ins Bein und als er über den Hof an dem Mist vorbeikam, gab ihm der Esel noch einen tüchtigen Schlag mit dem Hinterfuß. Der Hahn aber, der vom Lärmen aus dem Schlaf geweckt und munter geworden war, rief vom Balken herab: „Kikeriki!"

Hals über Kopf rannte der Räuber, so schnell er nur konnte, zu seinem Hauptmann zurück und sprach: „Ach, in dem Haus sitzt eine grausige Hexe, die hat mich angehaucht und mir mit ihren langen Fingern das Gesicht zerkratzt. Und vor der Tür steht ein Mann mit einem Messer, der hat mich ins Bein gestochen. Und auf dem Hof liegt ein schwarzes Ungetüm, das hat mit einer Holzkeule auf mich losgeschlagen. Und oben auf dem Dach, da sitzt der Richter, der rief: ‚Bringt mir den Schelm her!' Also machte ich, dass ich fortkam."

Von nun an trauten sich die Räuber nicht noch mal in das Haus.

Den vier Bremer Musikanten gefiel es aber wohl so gut darin, dass sie nicht wieder herauswollten.

Die Sterntaler

Es war einmal ein kleines Mädchen, dessen Vater und Mutter waren gestorben und es war so arm, dass es kein Kämmerchen mehr hatte, um darin zu wohnen und kein Bettchen mehr, um darin zu schlafen. Tatsächlich besaß es gar nichts mehr bis auf die Kleider, die es am Leib trug und ein Stückchen Brot in der Hand, das ihm ein mitleidiges Herz geschenkt hatte. Es war aber gutherzig und ehrlich.

Und weil es so von aller Welt verlassen war, ging es im Vertrauen auf den lieben Gott hinaus ins Feld.

Da begegnete ihm ein armer Mann, der sprach: „Ach, gib mir etwas zu essen, ich bin so hungrig."

Das Mädchen reichte ihm das ganze Stückchen Brot und sagte: „Gott segne es dir", und ging weiter.

Da kam ein Kind, das jammerte und sprach: „Es friert mich so an meinem Kopf. Hast du nicht etwas, womit ich ihn bedecken kann?“

So setzte das Mädchen seine Mütze ab und gab sie ihm. Und als es noch eine Weile gegangen war, kam wieder ein Kind und hatte keine Jacke an und fror, also gab das Mädchen ihm ihre und noch weiter bat ein drittes Kind um ein Röcklein, also gab das Mädchen auch dieses fort.

Endlich gelangte es in einen Wald. Es war schon dunkel geworden, da kam noch ein viertes Kind und bat um ein Hemdlein. Das gute Mädchen dachte: „Es ist dunkle Nacht, da sieht dich niemand, du kannst wohl dein Hemd weggeben.“ Es zog das Hemd aus und gab auch noch dieses weg.

Und als es da so nackt stand und gar nichts mehr hatte, fielen auf einmal die Sterne vom Himmel und wurden zu lauter glänzenden blanken Talern. Obwohl das Mädchen selbst sein Hemdlein weggegeben hatte, trug es plötzlich ein neues aus dem allerfeinsten Stoff. Dort sammelte es die Taler hinein und war reich für sein Lebtag.

Hase und Igel

Diese Geschichte steckt voller Lügen, Kinder, aber wahr ist sie trotzdem, denn mein Großvater, von dem ich sie kenne, sagte immer, wenn er sie voller Leidenschaft vortrug: „Sie muss doch wahr sein, mein Kind, anders kann man es sich doch nicht vorstellen.“

Und so hat sich diese Geschichte zugetragen: Es war an einem Sonntagmorgen im Herbst, ziemlich genau dann, als der Buchweizen zu blühen begann. Gerade war die Sonne aufgegangen, der Morgenwind wehte warm über die Stoppelfelder, die Lerchen sangen, die Bienen summten, die Leute gingen in ihrer Sonntagskleidung zur Kirche und jedes Lebewesen war vergnügt. Auch der Igel.

Er stand vor seiner Tür, die Arme übereinandergeschlagen und guckte hinaus in den Morgenwind, wobei er ein kleines Liedchen vor sich hin summte, so gut oder schlecht wie ein Igel das an einem Sonntagmorgen eben tut. Dabei fiel ihm ein, dass er ja, während seine Frau die Kinder wusch und anzog, ein bisschen im Feld spazieren gehen und sich ansehen könnte, wie es seinen Steckrüben ging. Die Steckrüben wuchsen nah bei seinem Haus und er und seine Familie aßen von ihnen, deshalb betrachtete er sie als sein Eigentum.

Gesagt, getan. Der Igel zog die Haustür hinter sich zu und schlug den

Weg zum Feld ein. Er war noch nicht weit vom Haus entfernt und wollte gerade um einen Schwarzdorn, der vor dem Feld wuchs, herum zu den Steckrüben abbiegen, als ihm der Hase begegnete, der mit einem ähnlichen Plan losgezogen war, nämlich um nach seinem Kohl zu schauen.

Als der Igel den Hasen sah, wünschte er ihm einen Guten Morgen. Der Hase aber war auf seine Weise ein sehr vornehmer Herr und leider ziemlich eingebildet. Er erwiderte den Gruß des Igels nicht, sondern fragte mit höhnischer Miene: „Wie kommt es, dass du so früh am Morgen hier um das Feld läufst?“

„Ich gehe spazieren“, antwortete der Igel.

„Spazieren?“ Der Hase lachte. „Ich denke, du könntest deine Beine auch für nützlichere Dinge gebrauchen.“

Diese Erwiderung verärgerte den Igel sehr, denn er konnte viel vertragen, aber auf seine Beine ließ er nichts kommen, da sie von Natur aus krumm waren. „Du bildest dir wohl ein“, sagte er darum zum Hasen, „dass du mit deinen Beinen mehr ausrichten kannst?“

„Das denke ich“, bestätigte der Hase.

„Dann lass es uns ausprobieren“, meinte der Igel. „Ich wette, wenn wir ein Wettrennen veranstalten, bin ich schneller als du.“

„Dass ich nicht lache, du mit deinen schiefen Beinen!“, spottete der Hase. „Aber meinetwegen lass es uns tun, wenn du so wild darauf bist. Um was wetten wir?“

„Um eine goldene Münze und eine Flasche Branntwein“, sagte der Igel.

„Abgemacht“, sprach der Hase. „Schlag ein und es kann sofort losgehen.“

„Nein, so eilig ist es nicht", meinte der Igel. „Ich habe noch einen ganz leeren Magen. Erst einmal möchte ich nach Hause gehen und etwas frühstücken. In einer halben Stunde bin ich wieder hier."

Damit war der Hase einverstanden, also ging der Igel los. Unterwegs dachte er bei sich: „Der Hase verlässt sich auf seine langen Beine, aber ich will es ihm zeigen. Er ist zwar ein feiner Herr, aber auch ein dummer Kerl und er soll für seine Frechheit bezahlen."

Als der Igel zu Hause ankam, sagte er zu seiner Frau: „Zieh dich schnell an, du musst mit zum Feld kommen."

„Was gibt es denn?", fragte seine Frau.

„Ich werde mit dem Hasen um eine Goldmünze und eine Flasche Branntwein um die Wette laufen und du sollst mitkommen."

„Ojemine, Mann!", jammerte die Frau des Igels. „Was hast du dir bloß dabei gedacht? Hast du den Verstand verloren? Wie kannst du nur mit dem Hasen um die Wette laufen?"

„Beruhige dich", sagte der Igel. „Ich habe mir das genau überlegt. Schnell, mach dich fertig und komm mit." Da wurde die Frau des Igels doch sehr neugierig. Sie zog sich rasch an und die beiden gingen los.

Unterwegs sagte der Igel zu seiner Frau: „Also, pass auf, was ich dir jetzt sage. Siehst du den langen Acker? Dort wollen wir unseren Wettlauf halten. Der Hase läuft in der einen Furche, ich in der anderen, oben am Hang geht es los. Du musst nichts weiter tun, als dich hier unten in die Furche zu hocken und wenn der Hase auf der anderen Seite vorbeikommt, springst du auf und rufst ‚Ich bin schon hier'."

Mittlerweile waren sie beim Acker angekommen. Der Igel zeigte seiner Frau ihr Versteck und kletterte dann den Hang hinauf. Als er oben ankam, war der Hase bereits da. „Kann es endlich losgehen?", fragte er.

„Jawohl", bestätigte der Igel.

„Dann mal los!“

Damit stellten sich beide in ihre jeweilige Furche. Der Hase zählte „Eins, zwei, drei“ und schoss schon wie ein Sturmwind den Hang hinunter. Der Igel aber machte nur etwa drei Schritte, dann duckte er sich und blieb ruhig sitzen.

Als der Hase in vollem Lauf unten beim Acker ankam, rief ihm die Frau des Igels entgegen: „Ich bin schon hier!“

Der Hase stutzte und staunte nicht schlecht: Er glaubte, dass es der Igel selbst war, der ihm da zurief, denn der Igel und seine Frau sehen sich bekanntlich sehr ähnlich. Der Hase rief: „Das geht doch nicht mit rechten Dingen zu! Los, wir laufen noch einmal, diesmal zurück.“ Und schon raste er wieder davon wie ein Sturmwind, dass ihm seine Löffelohren nur so um den Kopf flogen. Die Frau des Igels aber duckte sich ganz gelassen zurück in ihre Furche.

Als der Hase wieder oben ankam, rief ihm der Igel entgegen: „Ich bin schon hier.“

Der Hase war nun ganz außer sich vor Ärger und schrie: „Wir laufen noch einmal, wieder zurück.“

„Mir macht das nichts“, entgegnete der Igel. „Von mir aus können wir so lange laufen, wie du willst.“

So rannte der Hase noch ganze dreiundsiebzig Mal hin und her und die beiden Igel legten ihn jedes Mal aufs Neue rein. Jedes Mal wenn der Hase oben oder unten ankam, riefen der Igel oder seine Frau: „Ich bin schon hier.“

Beim vierundsiebzigsten Mal konnte der Hase nicht mehr. Ganz erschöpft, fiel er mitten auf der Ackerstrecke zu Boden und blieb einfach liegen. Der Igel aber nahm seine gewonnene Goldmünze und die Flasche Branntwein, holte seine Frau aus der Furche ab und beide gingen vergnügt nach Hause. Und wenn sie nicht gestorben sind, dann leben sie noch heute.

So geschah es also, dass in der Buxtehuder Heide der Igel den Hasen beim Wettrennen schlug und seitdem hat es kein Hase mehr gewagt, mit dem Buxtehuder Igel um die Wette zu laufen.

Die Lehre aber aus dieser Geschichte ist, dass sich niemand, und wenn er sich noch für so vornehm und unschlagbar hält, über eine andere Person lustig machen sollte, egal, über wen – auch nicht über einen scheinbar langsamen Igel.

Hans im Glück

Hans hatte sieben Jahre bei seinem Herrn gedient, da sprach er zu diesem: „Herr, meine Zeit ist herum, nun würde ich gerne wieder heim zu meiner Mutter, gebt mir meinen Lohn."

Der Herr antwortete: „Du hast mir treu und ehrlich gedient. Wie der Dienst war, so soll auch der Lohn sein", und gab ihm ein Stück Gold, das so groß wie Hansens Kopf war. Hans zog ein Tuch aus der Tasche, wickelte den Klumpen hinein, setzte ihn auf die Schulter und machte sich auf den Weg nach Hause.

Als er so dahinging und immer einen Fuß vor den anderen setzte, kam ihm ein Reiter entgegen, der frisch und fröhlich auf einem muntern Pferd vorbeitrabte.

„Ach", sprach Hans ganz laut. „Was ist das Reiten für eine tolle Sache! Da sitzt einer wie auf einem Stuhl, stößt sich an keinem Stein, schont die Schuhe und kommt fort, ohne sich selbst zu bewegen."

Der Reiter, der das gehört hatte, hielt an und rief: „Ei, Hans, warum läufst du auch zu Fuß?"

„Mir bleibt nichts anderes übrig", antwortete der. „Ich muss diesen Klumpen nach Hause tragen. Der ist zwar aus Gold, aber ich kann den Kopf nicht gerade halten und er drückt mir auf die Schulter."

„Weißt du, was“, sagte der Reiter. „Lass uns doch tauschen: Ich gebe dir mein Pferd und du gibst mir deinen Klumpen.“

„Von Herzen gern“, sprach Hans. „Aber ich sage Euch, Ihr müsst ordentlich schleppen.“

Der Reiter stieg ab, nahm das Gold, half dem Hans auf den Pferderücken, gab ihm die Zügel fest in die Hände und sprach: „Wenn es ganz recht geschwind gehen soll, musst du mit der Zunge schnalzen und hopp, hopp rufen.“

Hans war unglaublich froh, als er auf dem Pferd saß und so schnell und frei dahinritt. Nach einem Weilchen fand er, es könne noch schneller gehen und fing an, mit der Zunge zu schnalzen und hopp hopp zu rufen. Das Pferd ging in einen starken Trab über und ehe sich's Hans versah, wurde er abgeworfen und landete in einem Graben, der die Äcker von der Landstraße trennte. Das Pferd wäre auch durchgegangen, wenn es nicht ein Bauer aufgehalten hätte, der des Weges kam und eine Kuh vor sich hertrieb. Hans rappelte sich auf und klopfte den Staub von seinen Kleidern.

Er war aber verdrießlich und sprach zu dem Bauern: „Das Reiten macht wirklich keinen Spaß, insbesondere nicht, wenn man auf so eine Mähre gerät wie diese, die stößt und einen herabwirft, sodass man sich den Hals brechen kann. Auf den Rücken steig ich nie wieder drauf! Da lob ich mir Eure Kuh, der kann einer mit Gemächlichkeit hinterhergehen und hat obendrein seine Milch, Butter und Käse jeden Tag sicher. Was gäbe ich darum, wenn ich so eine Kuh hätte!“

„Nun“, sprach der Bauer, „wenn sie Euch so gut gefällt, will ich Euch wohl die Kuh gegen das Pferd eintauschen.“

Hans willigte mit tausend Freuden ein. Der Bauer schwang sich aufs Pferd und ritt eilig davon.

Hans trieb seine Kuh ruhig vor sich her und dachte an den glücklichen

Handel. „Hab ich nur ein Stück Brot und daran wird es mir nicht mangeln, kann ich, sooft ich will, Butter und Käse dazu essen. Hab ich Durst, melke ich meine Kuh und trinke Milch. Herz, was verlangst du mehr?"

Als er zu einem Wirtshaus kam, machte er halt, aß in der großen Freude alles, was er bei sich hatte, sein Mittags- und Abendbrot, komplett auf und ließ sich für seine letzten paar Taler ein halbes Glas Bier einschenken. Dann trieb er seine Kuh weiter, immer in Richtung des Dorfes seiner Mutter.

Die Hitze wurde drückender, je näher der Mittag kam und Hans befand sich in einer Heide, deren Durchquerung wohl noch eine Stunde dauern würde. Da wurde ihm ganz heiß, sodass ihm vor Durst die Zunge am Gaumen klebte. „Dagegen lässt sich etwas machen", dachte Hans. „Jetzt will ich meine Kuh melken und meinen Durst mit der Milch löschen."

Er band das Tier an einen dürren Baum und weil er keinen Eimer hatte, stellte er seine Ledermütze unter den Euter. Aber sosehr er sich auch bemühte, es kam kein Tropfen Milch zum Vorschein. Und weil er sich ungeschickt dabei anstellte, gab ihm das ungeduldige Tier irgendwann mit einem seiner Hinterfüße einen solchen Schlag vor den Kopf, dass er zu Boden taumelte und sich eine Zeit lang gar nicht besinnen konnte, wo er war.

Glücklicherweise kam gerade ein Metzger des Weges, der auf einer Schubkarre ein junges Schwein liegen hatte. „Was sind das für Streiche!", rief er und half dem guten Hans auf.

Hans erzählte, was vorgefallen war. Der Metzger reichte ihm seine Flasche und sprach: „Da, trinkt erst mal und erholt Euch. Die Kuh will wohl keine Milch geben, das ist ein altes Tier, das höchstens noch zum Ziehen taugt oder zum Schlachten."

„Ei, ei", sprach Hans und strich sich die Haare über den Kopf. „Wer hätte das gedacht! Es ist sicherlich gut, wenn man so ein Tier für sich daheim schlachten kann, was gibt das für Fleisch! Aber ich mache mir aus dem Kuhfleisch nicht viel, es ist mir nicht saftig genug. Ja, wer so ein junges Schwein hätte! Das schmeckt anders, dabei noch die Würste."

„Hört, Hans", sprach da der Metzger. „Euch zuliebe will ich tauschen und Euch das Schwein für die Kuh geben."

„Gott lohn Euch Eure Freundschaft!", rief Hans, übergab ihm die Kuh, ließ sich das Schweinchen vom Karren losmachen und den Strick, woran es gebunden war, in die Hand geben. Hans zog weiter und dachte daran, wie ihm alle Wünsche erfüllt wurden. Begegnete ihm eine Unannehmlichkeit, so wurde sie doch gleich wiedergutgemacht.

Es gesellte sich danach ein Bursche zu ihm, der trug eine schöne weiße Gans unter dem Arm. Sie vertrieben einander die Zeit und Hans fing an, von seinem Glück zu erzählen und wie er immer so vorteilhaft getauscht hatte. Der Bursche berichtete ihm, dass er die Gans zu einem Festessen brächte. „Hebt einmal", fuhr er fort und packte sie bei den Flügeln. „Wie schwer sie ist, die ist aber auch acht Wochen lang ordentlich gefüttert worden. Wer in den Braten beißt, wird richtig satt!"

„Ja", sprach Hans und wog sie mit der einen Hand. „Die hat ihr Gewicht, aber mein Schwein ist auch keine Sau."

Indessen sah sich der Bursche nach allen Seiten ganz bedenklich um und beugte sich zu Hans. „Hört", flüsterte er. „Mit Eurem Schwein scheint etwas nicht zu stimmen. In dem Dorf, durch das ich gekommen bin, ist

eben dem Vorsteher eins aus dem Stall gestohlen worden. Ich fürchte, Ihr habt es da in der Hand. Sie haben Leute ausgeschickt und es wäre schlimm, wenn sie Euch mit dem Schwein erwischten. Der glimpflichste Ausgang wäre noch, wenn ihr in ein finsteres Loch gesteckt würdet …“

Dem guten Hans wurde mulmig. „Ach je!“, jammerte er. „Helft mir aus der Not, Ihr wisst hier in der Gegend besser Bescheid. Nehmt mein Schwein und lasst mir Eure Gans.“

„Ich muss schon etwas aufs Spiel setzen“, erwiderte der Bursche. „Aber ich will doch nicht schuld daran sein, dass Ihr ins Unglück geratet.“ Er nahm also das Seil in die Hand und trieb das Schwein schnell auf einem Seitenweg fort.

Der gute Hans derweil ging, seiner Sorgen entledigt, mit der Gans unter dem Arm der Heimat entgegen. „Wenn ich es mir recht überlege“, sprach er mit sich selbst, „habe ich nur Vorteile bei dem Tausch: Zum einen den guten Braten, dann die ganze Menge Fett, die herauskommen wird, genug für mindestens ein Jahr, und schließlich die schönen Federn. Damit lasse ich mir mein Kopfkissen ausstopfen, darauf kann ich dann gemütlich schlafen. Was wird sich meine Mutter freuen!“

Als er durch das letzte Dorf gekommen war, stand da ein Scherenschleifer mit seinem Karren, sein Rad schnurrte und er sang dazu:

„Ich schleife die Schere und drehe geschwind
und hänge mein Mäntelchen nach dem Wind.“

Hans blieb stehen und sah ihm zu. Schließlich sprach er ihn an und sagte: „Euch geht es gut, weil Ihr so lustig bei Eurem Schleifen seid.“

„Ja“, antwortete der Scherenschleifer. „Das Handwerk hat einen goldenen Boden. Ein rechter Schleifer ist ein Mann, der, sooft er in die Tasche greift, auch Geld darin findet. Aber wo habt Ihr die schöne Gans gekauft?“

„Die hab ich nicht gekauft, sondern für mein Schwein eingetauscht.“

„Und das Schwein?“

„Das hab ich für eine Kuh gekriegt.“

„Und die Kuh?“

„Die hab ich für ein Pferd bekommen.“

„Und das Pferd?“

„Dafür hab ich einen Klumpen Gold, so groß wie mein Kopf, gegeben.“

„Und das Gold?“

„Ei, das war mein Lohn für sieben Jahre Dienst.“

„Ihr habt Euch jederzeit zu helfen gewusst“, sprach der Schleifer. „Könnt Ihr es nun dahin bringen, dass Ihr das Geld in der Tasche springen hört, wenn Ihr aufsteht, so habt Ihr Euer Glück gemacht.“

„Wie soll ich das anfangen?“, fragte Hans.

„Ihr müsst ein Schleifer werden wie ich. Dazu gehört eigentlich nichts weiter als ein Wetzstein, das andere findet sich schon von selbst. Hier hab ich einen, der ist zwar ein wenig angeschlagen, dafür sollt Ihr mir aber auch weiter nichts als Eure Gans geben. Wollt Ihr das?“

„Wie könnt Ihr noch fragen“, antwortete Hans. „Ich werde ja zum glücklichsten Menschen auf Erden. Habe ich Geld, sooft ich in die Tasche greife, was brauche ich mich da länger zu sorgen?“ Er reichte dem Schleifer die Gans und nahm den Wetzstein in Empfang.

„Nun“, sprach der Schleifer und hob einen gewöhnlichen schweren Feldstein, der neben ihm lag, auf. „Da habt Ihr noch einen tüchtigen Stein dazu, auf den es sich gut schlagen lässt und auf dem Ihr Eure alten Nägel gerade klopfen könnt. Nehmt ihn und hebt ihn ordentlich auf."

Hans lud den Stein auf und ging mit vergnügtem Herzen weiter. Seine Augen leuchteten vor Freude. „Ich muss in einer Glückshaut geboren sein", rief er aus. „Alles, was ich wünsche, gelingt mir wie einem Sonntagskind."

Indessen, weil er seit Tagesanbruch auf den Beinen gewesen war, begann er, müde zu werden. Auch plagte ihn der Hunger, da er allen Vorrat auf einmal in der Freude über die erhandelte Kuh aufgegessen hatte. Er konnte irgendwann nur noch mit Mühe weitergehen und musste jeden Augenblick haltmachen, dabei drückten ihn die Steine ganz erbärmlich. Darum konnte er sich des Gedankens nicht erwehren, wie gut es wäre, wenn er sie gerade jetzt nicht mehr zu tragen bräuchte. Wie eine Schnecke kam er zu einem Feldbrunnen geschlichen, wollte da ruhen und sich mit einem frischen Trunk stärken.

Damit er aber die Steine im Hinsitzen nicht beschädigte, legte er sie bedächtig neben sich auf den Rand des Brunnens. Darauf setzte er sich nieder und wollte sich zum Trinken bücken, jedoch passte er nicht auf, stieß ein klein wenig an und beide Steine plumpsten hinab. Hans, als er sie mit seinen Augen in die Tiefe hatte versinken sehen, sprang vor Freud auf, kniete nieder und dankte Gott mit Tränen in den Augen, dass er ihm auch diese Gnade noch erwiesen und ihn auf eine so gute Art und ohne dass er sich einen Vorwurf zu machen brauchte, von den schweren Steinen befreit hatte, die ihm nur noch hinderlich gewesen waren.

„So glücklich wie ich", rief er, „ist kein anderer Mensch unter der Sonne." Mit leichtem Herzen und frei von aller Last sprang er fort, bis er daheim bei seiner Mutter war.

DAUMESDICK

Es war einmal ein armer Bauersmann, der saß abends beim Herd und schürte das Feuer und seine Frau saß neben ihm und spann. Da sprach er: „Es ist so traurig, dass wir keine Kinder haben! Es ist so still bei uns und in den anderen Häusern geht's so laut und lustig zu."

„Ja", bestätigte die Frau und seufzte. „Wenn es nur ein einziges wäre und wenn es auch ganz klein wäre, nur so groß wie ein Daumen, so würde ich schon zufrieden sein. Wir hätten es doch von Herzen lieb."

Nun geschah es, dass die Frau schwanger wurde und nach sieben Monaten ein Kind gebar, das zwar an allen Gliedern vollkommen, aber nicht länger als ein Daumen war. Da sprachen sie: „Es ist, wie wir es uns gewünscht haben, und es soll unser liebes Kind sein", und nannten es nach seiner Gestalt *Daumesdick*. Sie ließen es ihm nicht an Nahrung fehlen, aber das Kind wurde nicht größer, sondern blieb, wie es in der ersten Stunde gewesen war. Doch schaute es verständig aus den Augen und zeigte sich bald als ein kluges und behändes Ding, dem alles glückte, was es anfing.

Der Bauer machte sich einmal fertig, um in den Wald zu gehen und Holz zu fällen, da sprach er so vor sich hin: „Wie ich mir wünsche, dass einer da wäre, der mir den Wagen hinterherbrächte."

„Oh, Vater!", rief Daumesdick. „Den Wagen will ich schon bringen, verlasst Euch drauf, er soll zur bestimmten Zeit im Wald sein."

Darauf lachte der Mann und sprach: „Wie sollte das funktionieren, du bist viel zu klein, um das Pferd mit dem Zügel zu leiten."

„Das macht nichts, Vater, wenn nur die Mutter es anspannt. Ich setze mich dem Pferd ins Ohr und rufe ihm zu, wohin es gehen soll."

„Nun", willigte der Vater ein, „einmal wollen wir es versuchen."

Als die Stunde kam, spannte die Mutter an und setzte Daumesdick ins Pferdeohr. Sofort rief der Kleine, wie das Pferd gehen sollte: „Jüh und joh! Hott und har!" So ging es ganz ordentlich wie bei einem Meister und der Wagen fuhr den rechten Weg hin zum Wald.

Es trug sich zu, dass, als er eben um eine Ecke bog und der Kleine „Har, har!" rief, zwei fremde Männer daherkamen.

„Nanu?", sprach der eine. „Was ist das? Da fährt ein Wagen und ein Fuhrmann ruft dem Pferd zu, aber niemand ist zu sehen."

„Das geht nicht mit rechten Dingen zu“, sagte der andere. „Wir wollen dem Karren folgen und sehen, wo er anhält.“ Der Wagen fuhr vollends in den Wald hinein, hin zu dem Platz, wo das Holz gehauen wurde. Als Daumesdick seinen Vater erblickte, rief er ihm zu: „Siehst du, Vater, da bin ich mit dem Wagen, nun hol mich herunter.“ Der Vater fasste das Pferd mit der linken Hand und holte ihm mit der rechten sein Söhnlein aus dem Ohr, das sich ganz zufrieden auf einen Strohhalm setzte.

Als die beiden fremden Männer den Daumesdick erblickten, wussten sie nicht, was sie vor Verwunderung sagen sollten. Da nahm der eine den andern beiseite und flüsterte: „Hör mal, der kleine Kerl könnte uns Glück bringen, wenn wir ihn in einer großen Stadt für Geld zeigen. Wir wollen ihn kaufen.“

Sie gingen zu dem Bauern und sprachen: „Verkauft uns den kleinen Mann, er soll es gut bei uns haben.“

„Nein“, entgegnete der Vater. „Er ist mein Herzblatt und mir mehr wert als alles Gold auf der ganzen Welt!“ Daumesdick aber, als er von dem Handel hörte, kroch an den Hosenfalten seines Vaters hinauf, stellte sich ihm auf die Schulter und flüsterte ihm ins Ohr: „Vater, gib mich nur weg, ich werde schon wieder zu dir zurückkommen.“ Also gab ihn der Vater für ein schönes Stück Geld den beiden Männern.

„Wo willst du sitzen?“, fragten sie ihn.

„Ach, setzt mich nur auf den Rand von eurem Hut, da kann ich auf und ab spazieren und die Gegend betrachten und falle doch nicht herunter.“ Sie taten ihm den Gefallen und als Daumesdick Abschied von seinem Vater genommen hatte, machten sie sich mit ihm auf den Weg.

So gingen sie, bis es dämmerig wurde, dann sprach der Kleine: „Hebt mich einmal herunter, es ist nötig.“

„Bleib nur droben“, sagte der Mann, auf dessen Kopf er saß. „Ich will mir nichts draus machen, die Vögel lassen mir auch manchmal was drauf fallen."

„Nein", widersprach Daumesdick. „Ich weiß auch, was sich schickt. Hebt mich nur geschwind herab."

Der Mann nahm den Hut ab und setzte den Kleinen auf einen Acker am Weg, dort sprang und kroch er ein wenig zwischen den Erdklumpen hin und her und schlüpfte dann auf einmal in ein Mausloch, das er sich ausgesucht hatte. „Guten Abend, ihr Herren, geht nur ohne mich heim", rief er ihnen zu und lachte sie aus.

Sie liefen herbei und stachen mit Stöcken in das Mausloch, aber das war vergebliche Mühe. Daumesdick kroch immer weiter zurück. Da es bald ganz dunkel wurde, mussten sie mit Ärger und leerem Beutel wieder heimwandern.

Als Daumesdick merkte, dass sie fort waren, kroch er aus dem unterirdischen Gang hervor. „Es ist hier auf dem Acker in der Finsternis zu gefährlich zum Gehen", bemerkte er. „Wie leicht bricht sich hier einer Hals und Bein!"

Gleich darauf stieß er an ein leeres Schneckenhaus. „So ein Glück!", rief er. „Da kann ich die Nacht sicher verbringen", und setzte sich hinein. Nicht lang danach, als er eben einschlafen wollte, hörte er zwei Männer vorübergehen, davon sprach der eine: „Wie wir es nur anstellen sollen, um dem reichen Pfarrer sein Geld und sein Silber zu stehlen?"

„Das könnt ich dir sagen", rief Daumesdick dazwischen.

„Was war das?", fragte der eine Dieb erschrocken. „Ich hörte jemanden sprechen."

Sie blieben stehen und horchten, da sprach Daumesdick wieder: „Nehmt mich mit, so will ich euch helfen."

„Wo bist du denn?"

„Sucht nur hier auf der Erde und horcht, wo die Stimme herkommt", antwortete er. Schließlich fanden ihn die Diebe und hoben ihn in die Höhe. „Du kleiner Wicht, wie willst du uns helfen!", wunderten sie sich.

„Seht", antwortete er. „Ich krieche zwischen den Eisenstäben in die Kammer des Pfarrers hinein und reiche euch heraus, was ihr haben wollt."

„Einverstanden", willigten sie ein. „Wir wollen herausfinden, was du kannst."

Als sie bei dem Pfarrhaus ankamen, kroch Daumesdick in die Kammer, schrie aber gleich aus Leibeskräften: „Wollt ihr alles haben, von dem was hier ist?"

Die Diebe erschraken und flehten: „So sprich doch leise, damit niemand aufwacht." Aber Daumesdick tat, als hätte er sie nicht verstanden und schrie von Neuem: „Was wollt ihr? Wollt ihr alles haben, was hier ist?"

Das hörte die Köchin, die in der Stube nebenan schlief. Sie richtete sich im Bett auf und lauschte. Die Diebe aber waren vor Schreck ein Stück Weg zurückgelaufen. Endlich fassten sie wieder Mut, dachten: „Der kleine Kerl will uns necken", kamen zurück und flüsterten ihm hinein: „Nun mach ernst und reich uns etwas heraus!"

Sofort schrie Daumesdick noch einmal, so laut er konnte: „Ich will euch ja alles geben, reicht nur eure Hände herein."

Das hörte die lauschende Magd ganz deutlich, sprang aus dem Bett und stolperte zur Tür herein. Die Diebe liefen fort und rannten, als wäre der wilde Jäger hinter ihnen. Die Magd aber, als sie nichts entdecken konnte, ging, um ein Licht anzuzünden. Als sie damit herbeikam, verschwand Daumesdick, ohne dass er gesehen wurde, hinaus in die Scheune. Nachdem die Magd alle Winkel durchgesucht und nichts gefunden hatte, legte sie sich endlich wieder zu Bett und glaubte, sie hätte mit offenen Augen und Ohren doch nur geträumt.

Daumesdick war in den Heuhälmchen herumgeklettert und hatte einen schönen Platz zum Schlafen gefunden. Dort wollte er sich ausruhen, bis der Tag käme und dann wieder heim zu seinen Eltern gehen.

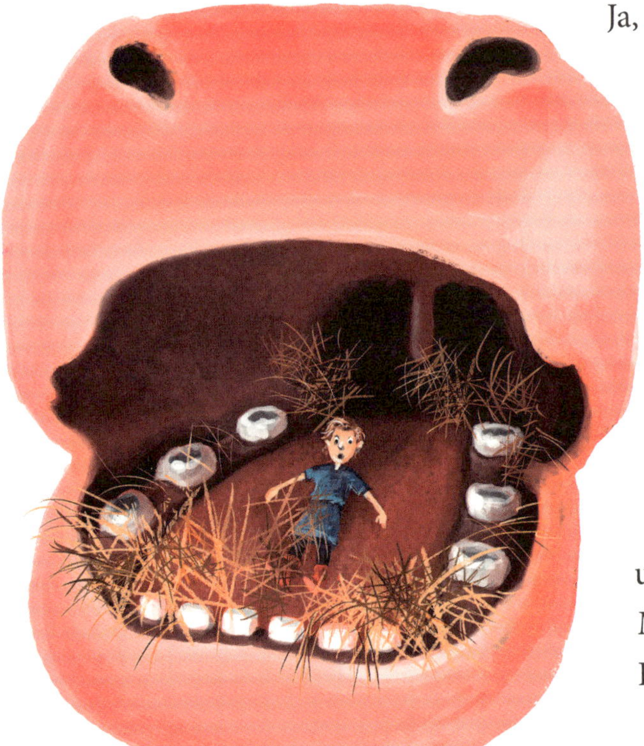

Aber er musste andere Dinge erfahren! Ja, es gibt viel Trübsal und Not auf der Welt! Die Magd stieg, wie gewöhnlich, als der Morgen graute, schon aus dem Bett und wollte das Vieh füttern. Ihr erster Gang führte in die Scheune, wo sie einen Arm voll Heu packte und dabei ausgerechnet jenes, worin der arme Daumesdick lag und träumte. Er schlief aber so fest, dass er nichts mitbekam und nicht aufwachte, bis er in dem Maul der Kuh war, die ihn mit dem Heu aufgerafft hatte.

„Ach je! Wie bin ich nur in die Walkmühle geraten?", fragte er sich, merkte aber bald, wo er war. Da hieß es aufpassen, dass er nicht zwischen die Zähne kam und zermalmt wurde, aber er musste doch mit in den Magen hinabrutschen.

„In dem Stübchen wurden die Fenster vergessen", klagte er. „Und es scheint keine Sonne hinein. Ein Licht wird gar nicht zu haben sein!" Überhaupt gefiel ihm das Quartier nicht und was das Schlimmste war, es kam immer mehr neues Heu zur Tür herein und der Platz wurde immer enger.

Irgendwann rief er schließlich in der Angst, so laut er konnte: „Bringt mir kein frisches Futter mehr, bringt mir kein frisches Futter mehr!"

Die Magd melkte gerade die Kuh und als sie eine Stimme hörte, ohne jemand zu sehen und es dieselbe Stimme war, die sie auch in der Nacht gehört hatte, erschrak sie so, dass sie von ihrem Stühlchen herabfiel und die Milch verschüttete. Sie lief in der größten Hast zu ihrem Herrn und rief: „Ach weh, Herr Pfarrer, die Kuh hat geredet!"

„Du bist verrückt", entgegnete der Pfarrer, ging aber doch selbst in den Stall, um nachzusehen, was vor sich ginge. Aber kaum hatte er den Fuß hineingesetzt, rief Daumesdick eben aufs Neue: „Bringt mir kein frisches Futter mehr, bringt mir kein frisches Futter mehr!"

Da erschrak der Pfarrer selbst, meinte, es wäre ein böser Geist und befahl, die Kuh loszuwerden. Daraufhin wurde sie geschlachtet. Der Magen, in dem Daumesdick steckte, wurde auf den Mist geworfen.

Daumesdick versuchte, sich hindurchzuarbeiten und hatte große Mühe damit, doch endlich brachte er es so weit, dass er Platz bekam. Aber es geschah, als er eben sein Haupt herausstrecken wollte, ein neues Unglück: Ein hungriger Wolf sprang vorbei und verschlang den ganzen Magen mit einem Schluck.

Daumesdick verlor den Mut nicht. „Vielleicht“, dachte er, „lässt der Wolf mit sich reden“, und rief ihm aus dem Wanst zu: „Lieber Wolf, ich weiß einen herrlicheren Fraß für dich!“

„Wo ist der zu holen?“, wollte der Wolf wissen.

„In dem und dem Haus, da musst du durch die Gosse hineinkriechen und wirst Kuchen, Speck und Wurst finden, so viel du essen willst“, behauptete Daumesdick und beschrieb ihm genau das Haus seines Vaters. Der Wolf ließ sich das nicht zweimal sagen, drängte sich in der Nacht durch die Gosse hinein und fraß in der Vorratskammer nach Herzenslust.

Als er satt war, wollte er wieder fort, aber er war so dick geworden, dass er auf demselben Weg nicht wieder hinaus konnte. Damit hatte Daumesdick gerechnet und fing an, in dem Leib des Wolfs einen gewaltigen Lärm zu machen, tobte und schrie, so laut er nur konnte.

„Willst du wohl still sein“, verlangte der Wolf. „Du weckst die Leute auf.“

„Ja was?“, entgegnete der Kleine. „Du hast dich satt gefressen, ich will auch meinen Spaß haben!“, und begann von Neuem, aus allen Kräften zu schreien.

Davon erwachten endlich sein Vater und seine Mutter, gingen zu der Kammer und schauten durch die Spalte hinein. Als sie sahen, dass ein Wolf darin hauste, liefen sie davon. Der Mann holte die Axt und die Frau die Sense.

„Bleib dahinten“, sprach der Mann, als sie in die Kammer traten. „Wenn ich ihm einen Schlag gegeben habe und er davon noch nicht tot ist, musst du auf ihn einhauen und ihm den Leib zerschneiden.“

Da hörte Daumesdick die Stimme seines Vaters und schrie: „Lieber Vater, ich bin hier, ich stecke im Leib des Wolfs!“

Voll Freude rief der Vater: „Welch ein Glück, unser liebes Kind ist wieder zu uns zurückgekommen!“, und bat seine Frau, die Sense wegzulegen, damit Daumesdick nicht beschädigt würde. Danach holte er aus und gab dem Wolf einen heftigen Schlag auf den Kopf, von dem er tot zu Boden fiel. Anschließend suchten sie Messer und Schere, schnitten ihm den Leib auf und zogen den Kleinen daraus hervor.

„Ach!", sprach der Vater. „Was haben wir für Sorgen um dich ausgestanden!"

„Ja, Vater, ich bin viel in der Welt herumgekommen. Welch ein Glück, dass ich wieder frische Luft atmen kann."

„Wo bist du denn überall gewesen?"

„Ach, Vater, ich war in einem Mauseloch, in einem Kuhbauch und in einem Wolfwanst. Jetzt bleib ich bei euch."

„Und wir verkaufen dich nie wieder, für keinerlei Reichtum dieser Welt!"

Ganz fest herzten und küssten sie ihren lieben Daumesdick, gaben ihm zu essen und zu trinken und ließen ihm neue Kleider schneidern, denn die alten waren auf seiner Reise zerstört worden.

König Drosselbart

Ein König hatte eine Tochter, die war über alle Maßen schön, aber dabei so stolz und übermütig, dass ihr kein Mann gut genug für sie erschien. Sie wies einen nach dem anderen ab und spottete auch noch über die Kerle.

Einmal ließ der König ein großes Fest veranstalten und lud dazu überall aus nah und fern die heiratslustigen Männer ein. Sie wurden alle in einer Reihe nach Rang und Stand geordnet: Erst kamen die Könige, dann die Herzöge, die Fürsten, die Grafen, die Freiherrn und zuletzt die Edelleute. Anschließend wurde die Königstochter an ihnen vorbeigeführt, aber an jedem hatte sie etwas auszusetzen. Der eine war ihr zu dick, „Das Weinfaß!", der andere zu lang, „Lang und schwank, hat keinen Gang", der dritte zu kurz, „Kurz und dick hat kein Geschick", der vierte zu blass, „Wie ein Bettlaken", der fünfte zu rot, „Der Zinshahn!", der sechste nicht gerade genug, „Grünes Holz, hinterm Ofen getrocknet!"– und so gab es immer etwas, das ihr nicht passte. Ganz besonders aber machte sie sich über einen guten König lustig, der ganz vorne stand und dessen Kinn ein wenig krumm gewachsen war.

„Ei!", rief sie und lachte. „Der hat ein Kinn, wie die Drossel einen Schnabel!" Daraufhin bekam er den Namen *Drosselbart*.

Als der alte König aber sah, dass seine Tochter nichts tat, als über die Leute zu spotten und alle Freier, die da versammelt waren, verschmähte, wurde er zornig und schwor, sie solle den erstbesten Bettler zum Mann nehmen, der vor seine Tür käme.

Ein paar Tage später fing ein Spielmann an, unter dem Schlossfenster zu singen, um damit ein wenig Geld zu verdienen. Als der König ihn hörte, befahl er: „Lasst ihn heraufkommen!“ Kurz darauf trat der Spielmann in seinen schmutzigen, verlumpten Kleidern herein, sang vor dem König und seiner Tochter und bat, als er fertig war, um eine milde Gabe. Der König sprach: „Dein Gesang hat mir so wohl gefallen, dass ich dir meine Tochter zur Frau geben will.“ Die Königstochter erschrak, aber der König sagte: „Ich habe den Eid geschworen, dich dem erstbesten Bettelmann zu geben. Den will ich auch halten.“

Es halfen keine Einwände mehr. Der Pfarrer wurde geholt und sie musste sich auf der Stelle mit dem Spielmann vermählen lassen. Anschließend sprach der König: „Nun gehört es sich nicht, dass du als Frau eines Bettlers noch länger in meinem Schloss bleibst. Du kannst nur mit deinem Mann fortziehen.“

Der Bettelmann führte sie an der Hand hinaus und sie musste mit ihm zu Fuß fortgehen. Als sie in einen großen Wald kamen, fragte sie: „Ach, wem gehört der schöne Wald?“

„Der gehört dem König Drosselbart,
hättest du den genommen, so wär er dein.“

„Ich arme Jungfer zart,
ach, hätt ich genommen
den König Drosselbart!“

Kurz darauf kamen sie über eine Wiese, da fragte sie wieder: „Wem gehört die schöne grüne Wiese?“

„Sie gehört dem König Drosselbart,
hättest du den genommen, so wär sie dein.“

„Ich arme Jungfer zart,
ach, hätt ich genommen
den König Drosselbart!“

Dann kamen sie durch eine große Stadt, da fragte sie wieder: „Wem gehört diese schöne große Stadt?“

„Sie gehört dem König Drosselbart,
hättest du den genommen, so wär sie dein.“

„Ich arme Jungfer zart,
ach, hätt ich genommen
den König Drosselbart!“

„Es gefällt mir gar nicht“, beklagte sich der Spielmann bei seiner neuen Frau, „dass du dir immer einen anderen zum Mann wünschst. Bin ich dir etwa nicht gut genug?“

Endlich kamen sie zu einem ganz kleinen Häuschen, da sprach sie:

„Ach, Gott, was ist das Haus so klein!
Wer mag der Besitzer von dem elenden, winzigen Häuschen sein?“

Der Spielmann antwortete: „Das ist mein und dein Haus, in dem wir zusammen wohnen.“

Sie musste sich bücken, damit sie durch die niedrige Tür hineingelangen konnte.

„Wo sind die Diener?“, fragte die Königstochter.

„Was für Diener?“, antwortete der Bettelmann. „Du musst selbst tun, was du erledigt haben willst. Mach nur gleich Feuer an und stell Wasser darauf, damit du uns Essen kochen kannst. Ich bin ganz müde.“

Die Königstochter verstand aber nichts vom Feueranmachen und Kochen und der Bettelmann musste selbst Hand anlegen, damit es doch noch klappte. Nachdem sie die schmale Kost verzehrt hatten, legten sie sich ins Bett, aber am Morgen trieb er sie schon ganz früh heraus, weil sie sich um den Haushalt kümmern sollte.

Ein paar Tage lebten sie auf diese Art mehr schlecht als recht und brauchten ihren Vorrat auf. Dann sprach der Mann: „Frau, so geht es nicht länger, dass wir hier nur verbrauchen und nichts verdienen. Du sollst Körbe flechten.“ Er ging hinaus, schnitt Weiden und brachte sie heim. Die Prinzessin fing an, diese miteinander zu verflechten, aber die spitzen Pflanzen stachen ihr die zarten Hände wund.

„Ich sehe, das geht nicht“, bemerkte der Mann. „Spinn lieber, vielleicht kannst du das besser.“ Sie setzte sich hin und versuchte zu spinnen, doch der harte Faden schnitt ihr bald in die weichen Finger, sodass sogar Blut daran herunterlief.

„Siehst du“, nörgelte der Mann, „du taugst zu keiner Arbeit, mit dir ist es schlecht um mich bestellt. Nun will ich versuchen, einen Handel mit

Töpfen und Geschirr aus Ton zu betreiben. Du sollst dich auf den Markt setzen und die Ware anbieten."

„Ach", dachte sie, „wenn Leute aus dem Reich meines Vaters auf den Markt kommen und mich da sitzen und etwas verkaufen sehen, werden sie mich verspotten!" Aber es half nichts, sie musste sich fügen, wenn sie nicht verhungern wollten.

Das erste Mal ging es gut, denn die Leute kauften der Frau, weil sie schön war, gern ihre Ware ab und bezahlten, was sie forderte. Mehr noch, viele gaben ihr das Geld und ließen ihr die Töpfe obendrein da.

Daraufhin lebten sie von dem Erworbenen, solange es ging. Danach kaufte der Mann wieder eine Menge neues Geschirr ein. Sie setzte sich damit an eine Ecke des Marktes, stellte es um sich herum auf und versuchte, es zu verkaufen.

Da kam plötzlich ein betrunkener Soldat dahergejagt und ritt geradewegs in die Töpfe hinein, sodass alles in tausend Scherben zersprang. Sie fing an zu weinen und wusste vor Angst nicht, was sie tun sollte. „Ach, wie wird es mir ergehen!", rief sie. „Was wird mein Mann dazu nur sagen!" Sie lief heim und erzählte ihrem Mann von dem Unglück.

„Wer setzt sich auch mit dem getöpferten Geschirr genau an die Ecke des Marktes!“, schimpfte der Mann. „Lass nur das Weinen, ich sehe wohl, du bist zu keiner ordentlichen Arbeit zu gebrauchen. Deshalb bin ich im Schloss unseres Königs gewesen und habe gefragt, ob sie nicht eine Küchenmagd benötigen. Sie haben mir versprochen, dass sie dich einstellen wollen. Dort bekommst du ordentliches Essen.“

So wurde aus der Königstochter eine Küchenmagd. Sie musste dem Koch zur Hand gehen und die härtesten Arbeiten erledigen. Sie machte sich an beiden Taschen ein Töpfchen fest, darin brachte sie nach Hause, was ihr von dem Übriggebliebenen zugeteilt wurde und ernährte sich davon.

Es trug sich zu, dass die Hochzeit des ältesten Königssohns gefeiert werden sollte. Darum ging die ehemalige Prinzessin die Treppe hinauf, stellte sich vor die Saaltür und wollte zusehen. Als die Lichter angezündet waren und die überaus schön und fein gekleideten Gäste hereintraten und alles voll Pracht und Herrlichkeit war, dachte sie mit betrübtem Herzen an ihr Schicksal und verwünschte ihren Stolz und Übermut, der sie erniedrigt und in so große Armut gestürzt hatte. Von den köstlichen Speisen, die rein- und rausgetragen wurden und von welchen der Geruch zu ihr aufstieg, warfen ihr Diener manchmal ein paar Brocken zu, die sie in ihr Töpfchen legte und heimtragen wollte.

Auf einmal trat der Königssohn herein, war in Samt und Seide gekleidet und trug goldene Ketten um den Hals. Als er die schöne Frau in der Tür stehen sah, ergriff er sie bei der Hand und wollte mit ihr tanzen, aber sie weigerte sich und erschrak, denn sie sah, dass es der König Drosselbart war, der um sie gefreit und den sie mit Spott abgewiesen hatte.

Ihr Sträuben half nichts, er zog sie in den Saal. Dabei zerriss das Band, an welchem die Taschen hingen und die Töpfe fielen heraus, sodass die

Suppe floss und die Brocken umhersprangen. Als die Leute das sahen, entstand ein allgemeines Gelächter und Spotten und sie war so beschämt, dass sie sich lieber tausend Meter unter die Erde gewünscht hätte. Sie rannte zur Tür hinaus und wollte flüchten, aber auf der Treppe holte sie ein Mann ein und brachte sie zurück. Als sie ihn ansah, war es wieder der König Drosselbart. Er sprach ihr freundlich zu: „Fürchte dich nicht. Der Spielmann, der mit dir in dem elenden Häuschen gewohnt hat, und ich sind eins. Dir zuliebe habe ich mich so verstellt. Und der Soldat, der dir deine Töpfe zerbrochen hat, bin ich auch gewesen. Das alles ist geschehen, um deinen stolzen Sinn zu beschämen und dich für deinen Hochmut zu strafen, mit dem du mich verspottet hast."

Da weinte sie bitterlich und sagte: „Ich habe großes Unrecht gehabt und bin es nicht wert, deine Frau zu sein."

Er aber sprach: „Beruhige dich, die bösen Tage sind vorüber, jetzt wollen wir unsere richtige Hochzeit feiern."

Daraufhin kamen die Kammerfrauen und zogen ihr die prächtigsten Kleider über und ihr Vater reiste mit dem ganzen Hofstaat an und alle wünschten ihr Glück zu ihrer Vermählung mit dem König Drosselbart und die rechte Freude fing jetzt erst an.

Ich wünschte, du und ich, wir wären auch dabei gewesen.

Der gestiefelte Kater

Es war einmal ein Müller, der hatte drei Söhne, seine Mühle, einen Esel und einen Kater. Die Söhne mussten das Mehl mahlen, der Esel Getreide holen und das Mehl forttragen und der Kater die Mäuse wegfangen.

Als der Müller starb, teilten die drei Söhne die Erbschaft untereinander auf: Der älteste bekam die Mühle, der zweite den Esel und der dritte den Kater. Weiter blieb nichts für ihn übrig. Da wurde er traurig und sprach zu sich selbst: „Mir ist es doch recht schlimm ergangen, mein ältester Bruder kann mahlen, mein zweiter auf seinem Esel reiten, aber was kann ich mit dem Kater anfangen? Ich lass mir ein Paar Pelzhandschuhe aus seinem Fell machen, dann ist es vorbei."

„Hör nur", fing der Kater an, der alles verstanden hatte. „Du brauchst mich nicht zu töten, nur um schlechte Handschuhe aus meinem Pelz zu kriegen. Lass mir nur ein Paar ordentliche Stiefel machen, damit ich ausgehen und mich unter den Leuten sehen lassen kann, dann soll dir bald geholfen sein."

Der Müllerssohn wunderte sich, dass der Kater so sprach, weil aber in dem Moment der Schuster vorbeiging, rief er ihn herein und ließ ihn die Stiefel ausmessen. Als sie fertig waren, zog der Kater sie an, nahm einen

Sack, füllte dessen Boden voll Korn, band ordentlich eine Schnur drum, damit man ihn zuziehen konnte, warf ihn sich über den Rücken und ging auf zwei Beinen, wie ein Mensch, zur Tür hinaus.

Damals regierte ein König im Land, der aß am allerliebsten Rebhühner. Es bestand aber das Problem, dass keine mehr zu kriegen waren. Der ganze Wald war voll, aber sie waren so scheu, dass kein Jäger sie erreichen konnte. Das wusste der Kater und beschloss, seine Sache besser zu erledigen.

Als er in den Wald kam, öffnete er seinen Sack, breitete das Korn auseinander, legte die Schnur ins Gras und leitete sie hinter eine Hecke. Dort versteckte er sich, schlich herum und lauerte. Die Rebhühner kamen bald angelaufen, fanden das Korn und hüpften eins nach dem anderen in den Sack hinein. Als eine gute Anzahl drin war, zog der Kater den Strick zu, lief um die Hecke herum und drehte ihnen die Hälse um. Anschließend warf er sich den Sack auf den Rücken und ging geradewegs zum Schloss des Königs.

Die Wache rief: „Halt! Wohin?"

„Zum König!", antwortete der Kater kurzweg.

„Bist du verrückt, ein Kater will zum König?“

„Lass ihn nur gehen“, meinte ein anderer. „Der König hat doch oft Langeweile, vielleicht kann der Kater sie ihm mit seinem Brummen und Spinnen ein wenig vertreiben.“

Als der Kater vor den König kam, machte er eine tiefe Verbeugung und sagte: „Mein Herr, der Graf“ – dazu nannte er einen langen und vornehmen Namen – „lässt sich dem Herrn König empfehlen und schickt ihm diese Rebhühner.“ Der König konnte vor Freude kaum an sich halten und befahl dem Kater, so viel Gold aus der Schatzkammer in seinen Sack zu füllen, wie er nur tragen könne: „Das bring deinem Herrn und danke ihm vielmals für sein Geschenk!“

Der arme Müllerssohn saß derweil zu Hause am Fenster, stützte den Kopf auf die Hand und dachte, dass er nun sein letztes Geld für die Stiefel des Katers weggegeben hatte und der ihm wohl nichts Besseres dafür bringen könnte.

Da trat der Kater herein, warf den Sack vom Rücken, schnürte ihn auf und schüttete das Gold vor den Müller. „Hier hast du etwas Gold vom König, der dich grüßen lässt und sich für die Rebhühner bei dir bedankt.“

Der Müller war froh über den Reichtum, ohne dass er recht begreifen konnte, wie er dazu gekommen war. Der Kater aber, während er seine Stiefel auszog, berichtete ihm alles. Dann sagte er: „Du hast jetzt zwar genug Geld, aber dabei soll es nicht bleiben. Morgen ziehe ich meine Stiefel wieder an, denn du sollst noch reicher werden. Dem König habe ich nämlich erzählt, dass du ein Graf bist.“ Am folgenden Tag ging der Kater, wie er es angekündigt hatte, gut gestiefelt, wieder auf die Jagd und brachte dem König einen reichen Fang.

So verging einige Zeit. Der Kater brachte täglich Gold heim und wurde so beliebt beim König, dass er im Schloss ein und aus gehen durfte.

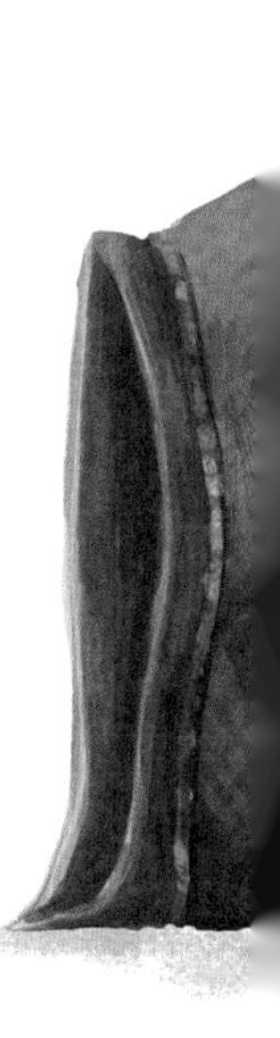

Einmal stand der Kater in der Schlossküche beim Herd und wärmte sich, da kam der Kutscher und fluchte: „Ich wünschte, der König wäre zusammen mit der Prinzessin beim Henker! Ich wollte ins Wirtshaus gehen, einmal einen trinken und Karten spielen, da soll ich sie auf einmal an den See spazieren fahren."

Als der Kater das hörte, schlich er nach Hause und sagte zu seinem Herrn: „Wenn du ein Graf sein und reich werden willst, so komm mit mir hinaus an den See und bade darin." Der Müller wusste nicht, was er davon halten sollte, doch er gehorchte dem Kater, ging mit ihm, zog sich splitternackt aus und sprang ins Wasser. Der Kater aber nahm seine Kleider, trug sie fort und versteckte sie.

Kaum war er damit fertig, da kam der König dahergefahren. Der Kater fing sogleich an, erbärmlich zu lamentieren: „Ach! Allergnädigster König! Mein Herr, der hat sich hier im See zum Baden begeben, da ist ein Dieb gekommen und hat ihm die Kleider gestohlen, die am Ufer lagen! Nun ist der Herr Graf im Wasser und kann nicht heraus und wenn er sich noch länger darin aufhält, wird er sich fürchterlich erkälten …"

Als der König das hörte, ließ er sofort anhalten und einer seiner Leute musste zurückjagen und ein paar Kleider vom König höchstpersönlich holen. Der angebliche Herr Graf zog

die prächtigen Gewänder an und weil ihm der König ohnehin wegen der Rebhühner, die er meinte, von ihm empfangen zu haben, gewogen war, musste er sich zu ihm in die Kutsche setzen. Die Prinzessin war nicht böse darüber, denn der Graf war jung und schön und gefiel ihr recht gut.

Der Kater war derweil vorausgegangen und zu einer großen Wiese gekommen, wo über hundert Leute waren und Heu machten. „Wem gehört die Wiese, ihr Leute?“, fragte der Kater.

„Dem großen Zauberer“, kam die Antwort zurück.

„Hört, jetzt wird gleich der König vorbeifahren. Wenn er wissen will, wem die Wiese gehört, so antwortet: dem Grafen. Tut ihr das nicht, werdet ihr alle bestraft.“

Darauf ging der Kater weiter und kam an ein Kornfeld, so groß, dass es niemand übersehen konnte. Darin standen mehr als zweihundert Leute und schnitten das Korn. „Wem gehört das Korn, ihr Leute?“

„Dem Zauberer“, hieß es wieder.

„Hört, jetzt wird gleich der König vorbeifahren. Wenn er wissen will, wem das Korn gehört, so antwortet: dem Grafen. Tut ihr das nicht, werdet ihr alle bestraft.“

Endlich kam der Kater an einen prächtigen Wald, da standen mehr als dreihundert Leute, fällten die großen Eichen und machten Holz. „Wem gehört der Wald, ihr Leute?“

„Dem Zauberer“, erklang es zum dritten Mal.

„Hört, jetzt wird gleich der König vorbeifahren. Wenn er wissen will, wem der Wald gehört, so antwortet: dem Grafen. Tut ihr das nicht, werdet ihr alle bestraft.“

Der Kater ging noch weiter, die Leute sahen ihm alle nach und weil er so sonderbar aussah und wie ein Mensch in Stiefeln umherlief, fürchteten sie sich vor ihm.

Bald kam der Kater zum Schloss des Zauberers. Keck trat er hinein und vor diesen hin. Der Zauberer sah ihn verächtlich an, dann fragte er ihn, was er wolle. Der Kater verbeugte sich tief und schnurrte: „Ich habe gehört, dass du dich in jedes Tier ganz nach deinem Belieben verwandeln könntest. Was einen Hund, Fuchs oder auch Wolf betrifft, da will ich es wohl glauben, aber in einen Elefanten? Das scheint mir ganz unmöglich. Deshalb bin ich gekommen, um mich selbst zu überzeugen."

Der Zauberer sagte stolz: „Das ist für mich eine Kleinigkeit", und war in dem Augenblick in einen Elefanten verwandelt.

„Das ist beachtlich", lobte der Kater ihn. „Aber auch in einen Löwen?"

„Das ist auch nichts", erwiderte der Zauberer, dann stand er als Löwe vor dem Kater. Der Kater tat, als wäre er erschrocken und rief: „Das ist unglaublich und unerhört, dergleichen hätte ich mir nicht im Traum einfallen lassen! Aber noch viel mehr als alles andere, wäre es überaus beeindruckend, wenn du dich auch in ein so kleines Tier wie eine Maus verwandeln könntest. Du kannst gewiss mehr als irgendein anderer Zauberer auf der Welt, aber das wird dir doch zu hoch sein."

Der Zauberer wurde ganz betört von den süßen Worten, sagte: „O ja, liebes Kätzchen, das kann ich auch", und hüpfte als eine kleine Maus im Zimmer herum. Der Kater sprang hinterher, fing die Maus mit einem Satz und fraß sie auf.

Derweil war der König mit dem Grafen und der Prinzessin weiter spazieren gefahren und kam zu der großen Wiese. „Wem gehört das Heu?", fragte der König.

„Dem Herrn Grafen", riefen alle, wie der Kater es ihnen befohlen hatte.

„Ihr habt da ein schönes Stück Land, Herr Graf", bemerkte der König.

Danach kamen sie an das große Kornfeld. „Wem gehört das Korn, ihr Leute?"

„Dem Herrn Grafen."

„Oh! Herr Graf! Große, schöne Ländereien!"

Darauf zu dem Wald: „Wem gehört das Holz, ihr Leute?"

„Dem Herrn Grafen!" Der König verwunderte sich noch mehr und sagte: „Ihr müsst ein reicher Mann sein, Herr Graf, ich glaube nicht, dass ich einen so prächtigen Wald habe."

Endlich erreichten sie das Schloss. Der Kater stand oben an der Treppe und als der Wagen unten hielt, sprang er herab, machte die Tür auf und sagte: „Herr König, Ihr gelangt hier in das Schloss meines Herrn, dem Grafen, den diese Ehre für sein Lebtag glücklich machen wird."

Der König stieg aus und wunderte sich über das prächtige Gebäude, das fast größer und schöner war als sein Schloss. Der Graf aber führte die Prinzessin die Treppe hinauf in den Festsaal, der über und über mit Gold und Edelsteinen geschmückt war. Hier wurde die Prinzessin mit dem Grafen verlobt.

Als der König starb, wurde der Graf sein Nachfolger und der gestiefelte Kater erster Minister.

Das Lumpengesindel

Hähnchen sprach zu Hühnchen: „Jetzt ist die Zeit, in der die Nüsse reif werden, deshalb wollen wir zusammen auf den Berg gehen und uns einmal recht satt essen, ehe das Eichhorn sie alle wegholt.“

„Ja“, bestätigte das Hühnchen. „Komm, wir wollen viel Spaß miteinander haben.“

Also stiegen sie zusammen auf den Berg und weil es ein heller Tag war, blieben sie bis zum Abend.

Nun weiß ich nicht, ob sie sich so dick gegessen hatten oder ob sie übermütig geworden waren, aber sie wollten nicht zu Fuß nach Haus gehen und das Hähnchen musste einen kleinen Wagen aus Nussschalen bauen. Als er fertig war, setzte sich Hühnchen hinein und sagte zu Hähnchen: „Du kannst mich ziehen.“

„Du machst Scherze!“, rief das Hähnchen. „Lieber geh ich zu Fuß nach Haus, als dass ich dich ziehe. Nein, so haben wir nicht gewettet. Kutscher will ich wohl sein und auf dem Bock sitzen, aber selbst ziehen, das tu ich nicht.“

Während sie so stritten, watschelte eine Ente daher. „Ihr Diebesvolk, wer hat euch erlaubt, auf meinen Nussberg zu steigen? Wartet, das soll euch schlecht bekommen!“ Mit aufgesperrtem Schnabel ging sie auf das Hähnchen los.

Aber Hähnchen war auch nicht faul und wehrte sich aus Leibeskräften gegen die Ente. Dabei hackte es mit seinem Sporn so gewaltig auf sie ein, dass sie um Gnade bat und sich als Verlierer vor den Wagen spannen ließ. Hähnchen setzte sich auf den Bock und war Kutscher und schon fing er an, die Ente anzutreiben: „Ente, lauf, so schnell du kannst!"

Als sie ein Stück Weg gefahren waren, begegneten sie zwei Fußgängern, einer Stecknadel und einer Nähnadel. Sie riefen: „Halt, halt!", und sagten, es würde gleich stichdunkel werden, da könnten sie keinen Schritt weiter, auch wäre es so schmutzig auf der Straße, ob sie nicht ein wenig mitfahren könnten. Sie wären in der Schneiderherberge vor dem Tor gewesen und hätten sich beim Bier verspätet. Hähnchen, da es magere Leute waren, die nicht viel Platz einnahmen, ließ sie beide einsteigen, doch mussten sie versprechen, ihm und seinem Hühnchen nicht auf die Füße zu treten.

Spätabends erreichten sie ein Wirtshaus und weil sie während der Nacht nicht weiterfahren wollten, die Ente auch nicht gut zu Fuß war und von einer Seite auf die andere fiel, kehrten sie ein.

Der Wirt hatte anfangs viele Einwendungen, sein Haus wäre schon voll, dachte auch wohl, dass sie keine vornehme Herrschaft wären. Endlich aber, nachdem sie ihm ordentlich geschmeichelt und angeboten hatten,

er könne das Ei haben, welches das Hühnchen unterwegs gelegt hatte und dazu noch die Ente, die alle Tage eins legte, sagte er endlich, sie dürften die Nacht über bleiben. Daraufhin ließen sie sich gut bedienen und lebten in Saus und Braus.

Frühmorgens, als es dämmerte und noch alles schlief, weckte Hähnchen das Hühnchen, holte das Ei, pickte es auf und sie verzehrten es zusammen. Die Schalen warfen sie auf den Feuerherd. Dann gingen sie zu der Nähnadel, die noch schlief, packten sie am Kopf und steckten sie in das Sesselkissen des Wirts sowie die Stecknadel in sein Handtuch. Anschließend flogen sie, mir nichts, dir nichts, über die Heide davon.

Die Ente, die gern unter freiem Himmel schlief und im Hof geblieben war, hörte sie fortschnurren, richtete sich auf und fand einen Bach, auf dem sie hinabschwamm. Das ging schneller, als vor dem Wagen zu laufen.

Ein paar Stunden später erhob sich der Wirt aus den Federn, wusch sich und wollte sich am Handtuch abtrocknen, da fuhr ihm die Stecknadel über das Gesicht und fügte ihm einen roten Strich von einem Ohr zum andern zu.

Dann ging er in die Küche und wollte sich eine Pfeife anstecken. Als er aber an den Herd kam, sprangen ihm die Eierschalen in die Augen.

„Heute Morgen will mir alles an meinen Kopf", sagte er und ließ sich verdrießlich auf seinen Großvaterstuhl nieder. Aber fast sofort fuhr er wieder in die Höhe und schrie: „Auweh!", denn die Nähnadel hatte ihn noch schlimmer direkt in den Po gestochen. Nun war er vollends böse und sein Verdacht fiel auf die Gäste, die so spät gestern Abend gekommen waren. Als er sich aber aufmachte und sich nach ihnen umsah, waren sie fort.

Da schwor er, kein Lumpengesindel mehr in sein Haus zu nehmen, das viel verzehrt, nichts bezahlt und zum Dank obendrein noch Schabernack treibt.

Rapunzel

Es waren einmal ein Mann und eine Frau, die wünschten sich schon lange vergeblich ein Kind. Endlich machte sich die Frau Hoffnung, dass ihr Wunsch sich bald erfüllen könnte.

Das Paar hatte in seinem Hinterhaus ein kleines Fenster, daraus konnte man in einen üppigen Garten sehen, der die schönsten Blumen und Kräuter hatte. Er war aber von einer hohen Mauer umgeben und niemand wagte es hineinzugehen, weil er einer Zauberin gehörte, die große Macht besaß und von aller Welt gefürchtet wurde.

Eines Tages stand die Frau an diesem Fenster und sah in den Garten hinaus, da erblickte sie ein Beet, das mit den prächtigsten Rapunzeln bepflanzt war. Sie sahen so frisch und grün aus, dass sie gierig wurde und großes Verlangen bekam, von den Rapunzeln zu essen. Das Verlangen nahm jeden Tag zu und weil sie wusste, dass sie keine davon bekommen konnte, wurde sie ganz trübsinnig, sah blass und elend aus. Da erschrak der Mann und fragte: „Was fehlt dir, liebe Frau?"

„Ach", antwortete sie. „Wenn ich keine Rapunzeln aus dem Garten hinter unserm Haus essen kann, muss ich wohl sterben."

Der Mann, der sie lieb hatte, dachte: „Ehe du deine Frau sterben lässt, holst du ihr von den Rapunzeln, es mag kosten, was es will."

Also stieg er in der Abenddämmerung über die Mauer in den Garten der Zauberin, erntete in aller Eile eine Handvoll Rapunzeln und brachte sie seiner Frau. Sie bereitete sich sogleich Salat daraus zu und aß in voller Begierde auf. Weil sie ihr so überaus gut geschmeckt hatten, bekam sie am nächsten Tag noch dreimal so viel Lust auf die Rapunzeln. Damit sie Ruhe bekommen konnte, musste der Mann erneut in den Garten steigen. Wieder machte er sich in der Abenddämmerung auf den Weg.

Als er aber die Mauer herabgeklettert war, erschrak er gewaltig, denn er sah die Zauberin vor sich stehen.

„Wie kannst du es wagen", schrie sie mit zornigem Blick, „in meinen Garten zu steigen und mir wie ein Dieb meine Rapunzeln zu stehlen? Das soll dir schlecht bekommen!"

„Ach", flehte er. „Habt Gnade! Ich habe mich nur aus Not dazu entschlossen: Meine Frau hat Eure Rapunzeln aus dem Fenster erblickt und empfindet ein so großes Verlangen, dass sie sterben würde, wenn sie nichts davon zu essen bekäme."

Da ließ die Zauberin in ihrem Zorn nach und sprach zu ihm: „Verhält es sich so, wie du sagst, will ich dir gestatten, so viele Rapunzeln mitzunehmen, wie du willst. Allerdings habe ich eine Bedingung: Du musst mir das Kind geben, das deine Frau zur Welt bringen wird. Es soll ihm gut gehen und ich will für es sorgen wie eine Mutter." Der Mann versprach in seiner Angst alles und als die Frau in den Wehen lag, erschien sogleich die Zauberin, gab dem Kind den Namen Rapunzel und nahm es mit sich fort.

Rapunzel wurde das schönste Kind unter der Sonne. Als sie zwölf Jahre alt war, schloss die Zauberin sie in einen Turm, der in einem Wald lag und weder Treppe noch Tür hatte. Nur ganz oben war ein kleines Fensterchen. Wenn die Zauberin hineinwollte, stellte sie sich an den Fuß des Turms und rief:

„Rapunzel, Rapunzel,
lass dein Haar herunter."

Rapunzel hatte lange, prächtige Haare, fein wie gesponnenes Gold. Wenn sie die Stimme der Zauberin vernahm, wickelte sie ihre Zöpfe oben um einen Fensterhaken und ließ sie viele Meter tief hinabfallen, damit die Zauberin daran hinaufsteigen konnte.

Nach ein paar Jahren trug es sich zu, dass der Sohn des Königs durch den Wald ritt und an dem Turm vorüberkam. Da hörte er einen derart lieblichen Gesang, dass er innehielt und lauschte. Das war Rapunzel, die sich die Zeit damit vertrieb, ihre süße Stimme erschallen zu lassen.

Der Königssohn wollte zu ihr und suchte nach einer Tür in dem Turm, konnte aber keine finden. Er ritt heim, doch der Gesang hatte ihm so sehr das Herz gerührt, dass er jeden Tag in den Wald ging und zuhörte.

Als er einmal so hinter einem Baum stand, sah er die Zauberin herankommen und hörte, wie sie rief:

„Rapunzel, Rapunzel,
lass dein Haar herunter."

Rapunzel ließ ihren Zopf herab und die Zauberin stieg daran hinauf.

„Wenn das die Leiter ist, mit welcher man raufkommt, so will ich auch einmal mein Glück versuchen", beschloss der Prinz.

Am folgenden Tag, als es anfing, dunkel zu werden, ging er zu dem Turm und rief:

„Rapunzel, Rapunzel,
lass dein Haar herunter."

Gleich darauf fielen die Haare hinunter, und der Königssohn kletterte daran nach oben.

Anfangs erschrak Rapunzel gewaltig, als ein Mann zu ihr hereinkam, wie ihre Augen noch nie einen erblickt hatten. Doch der Königssohn sprach ganz freundlich zu ihr und erzählte ihr, wie sehr ihr Gesang sein Herz bewegt hatte und dass er sie deshalb hatte treffen wollen. Da verlor Rapunzel ihre Angst und als er sie fragte, ob sie mit ihm kommen wolle und sie sah, dass er jung und schön war, dachte sie: „Der wird mich lieber haben als die alte Frau Gothel", sagte Ja und legte ihre Hand in seine.

Sie sprach: „Ich will gerne mit dir gehen, aber ich komme nicht aus dem Turm heraus. Wenn du mich besuchst, bring jedes Mal einen Strang Seide mit, daraus werde ich eine Leiter flechten und wenn die fertig ist, steige ich herunter und du nimmst mich auf dein Pferd." Sie verabredeten, dass er immer abends zu ihr kommen sollte, denn am Tag kam die alte Zauberin.

Diese bemerkte nichts von dem Plan, bis Rapunzel einmal zu ihr sagte: „Sagen Sie mir doch, Frau Gothel, wieso wird es immer schwerer für mich, Sie heraufzuziehen? Bei dem jungen Königssohn geht es ganz leicht, der ist blitzschnell bei mir."

„Ach, du schreckliches Kind!", rief die Zauberin. „Was muss ich von dir hören! Ich dachte, ich hätte dich von aller Welt abgeschieden und du hast mich doch betrogen!" In ihrem Zorn packte sie Rapunzels Haare, schlang sie ein paarmal um ihre linke Hand und griff mit der rechten eine Schere. Ritsch, ratsch waren sie abgeschnitten und die schönen Flechten lagen auf der Erde. Sie war so unbarmherzig, dass sie die arme Rapunzel in die Wüste brachte, wo sie in großem Jammer und Elend leben musste.

Am gleichen Tag aber, an dem sie Rapunzel verstoßen hatte, befestigte die Zauberin abends die abgeschnittenen Haarstränge oben am Fensterhaken und als der Königssohn kam und rief:

„Rapunzel, Rapunzel,
lass dein Haar herunter“,

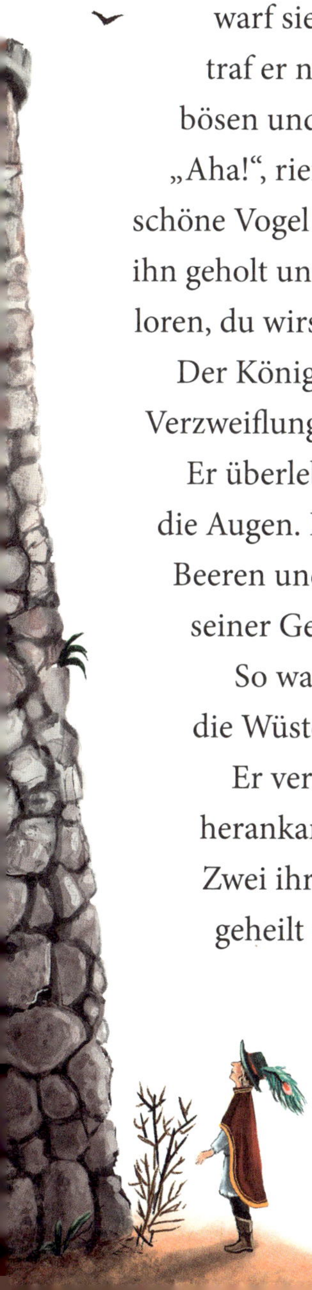

warf sie den Zopf hinab. Der Königssohn stieg hinauf, doch oben traf er nicht seine liebste Rapunzel, sondern die Zauberin, die ihn mit bösen und giftigen Blicken ansah.

„Aha!“, rief sie höhnisch. „Du willst dir deine Liebste holen, aber der schöne Vogel sitzt nicht mehr im Nest und singt nicht mehr. Die Katze hat ihn geholt und wird dir die Augen auskratzen. Für dich ist Rapunzel verloren, du wirst sie nie wiedersehen!“

Der Königssohn geriet außer sich vor Schmerzen und in seiner Verzweiflung sprang er den Turm hinunter.

Er überlebte den Sturz, aber die Dornen, in die er fiel, zerstachen ihm die Augen. Blind irrte er im Wald umher, aß nichts als Wurzeln und Beeren und weinte und jammerte ununterbrochen über den Verlust seiner Geliebten.

So wanderte er einige Jahre im Elend umher und geriet endlich in die Wüste, in der Rapunzel kümmerlich lebte und ihn sehr vermisste.

Er vernahm eine ihm bekannte Stimme und ging darauf zu. Als er herankam, erkannte ihn Rapunzel, fiel ihm um den Hals und weinte. Zwei ihrer Tränen benetzten seine Augen. Dadurch wurden sie geheilt und er konnte sehen wie zuvor.

Er führte sie in sein Reich, wo er mit Freude empfangen wurde und sie lebten noch lange glücklich und vergnügt.

Brüderchen und Schwesterchen

Brüderchen nahm sein Schwesterchen an der Hand und sprach: „Seit die Mutter tot ist, hatten wir keine gute Stunde mehr. Die Stiefmutter schlägt uns jeden Tag und wenn wir zu ihr kommen, stößt sie uns mit den Füßen fort. Die harten Brotkrusten, die übrig bleiben, sind unsere Speise und sogar dem Hündlein unter dem Tisch geht's besser als uns. Dem wirft sie doch manchmal einen guten Bissen zu. So ein Unglück! Wenn das unsere Mutter wüsste! Komm, wir wollen miteinander in die weite Welt gehen!"

Sie gingen den ganzen Tag über Wiesen, Felder und Steine und wenn es regnete, klagte das Schwesterchen: „Der Himmel und unsere Herzen, die weinen zusammen!"

Abends kamen sie in einen großen Wald und waren so müde von Jammer, Hunger und dem langen Weg, dass sie sich in einen hohlen Baum setzten und einschliefen.

Am anderen Morgen, als sie aufwachten, stand die Sonne schon hoch am Himmel und schien heiß in den Baum hinein. Da sagte das Brüderchen: „Schwesterchen, ich bin so durstig. Wenn ich wüsste, wo ein Bach ist, würde ich gleich hingehen und trinken. Ich glaube, ich höre eins rauschen." Brüderchen stand auf, nahm Schwesterchen an der Hand und ging schnell los, um das Bächlein zu suchen.

Die böse Stiefmutter aber war eine Hexe und hatte wohl gesehen, wie die beiden Kinder fortgegangen waren. Sie war ihnen nachgeschlichen, heimlich, wie Hexen das tun, und hatte alle Gewässer im Wald verwünscht. Als die Kinder nun ein Bächlein fanden, das so glitzerig über die Steine sprang, wollte das Brüderchen daraus trinken. Aber das Schwesterchen hörte, wie es im Rauschen sprach: „Wer aus mir trinkt, wird ein Tiger, wer aus mir trinkt, wird ein Tiger."

Da rief das Schwesterchen: „Ich bitte dich, Brüderlein, trink nicht, sonst wirst du ein wildes Tier und zerreißest mich!" Brüderchen trank nicht, obwohl er so einen großen Durst hatte und sprach: „Gut, ich will bis zur nächsten Quelle warten."

Als sie zum zweiten Bächlein kamen, hörte das Schwesterchen, wie auch dieses sprach: „Wer aus mir trinkt, wird ein Wolf, wer aus mir trinkt, wird ein Wolf."

Wieder rief das Schwesterchen: „Brüderchen, ich bitte dich, trink nicht, sonst wirst du ein Wolf und frisst mich!" Das Brüderchen trank nicht und sagte: „Ich will warten, bis wir zur nächsten Quelle kommen, aber dann muss ich trinken. Du kannst sagen, was du willst, mein Durst ist zu groß."

Und als sie zum dritten Bächlein kamen, hörte das Schwesterlein, wie es im Rauschen sprach: „Wer aus mir trinkt, wird ein Reh, wer aus mir trinkt, wird ein Reh."

Das Schwesterchen bat: „Ach, Brüderchen, ich bitte dich, trink nicht, sonst wirst du ein Reh und läufst von mir fort." Aber das Brüderchen hatte sich bereits am Bächlein niedergekniet, hinabgebeugt und von dem Wasser getrunken. Kaum hatten die ersten Tropfen seine Lippen berührt, verwandelte es sich in ein Rehkitz.

Nun weinte das Schwesterchen über das arme, verwünschte Brüderchen und auch das Rehchen weinte und beide saßen ganz traurig zusammen.

Endlich sprach das Mädchen: „Sei still, liebes Rehchen, ich werde dich niemals verlassen!" Dann wickelte es sein goldenes Strumpfband ab, wand es dem Rehkitz um den Hals, rupfte Binsen und flocht ein weiches Seil daraus. Daran band es das Tierchen und führte es weiter immer tiefer in den Wald hinein.

Nachdem sie lange, lange gegangen waren, kamen sie endlich zu einem kleinen Haus. Das Mädchen schaute hinein und weil es leer war, dachte es: „Hier können wir bleiben und wohnen."

Innen bettete es dem Rehchen Laub und Moos zu einem weichen Lager und jeden Morgen ging es aus und sammelte sich Wurzeln, Beeren und Nüsse. Für das Rehkitz brachte es zartes Gras mit, das fraß es ihm aus der Hand, war vergnügt und spielte herum. Abends, wenn Schwesterchen müde war und es Zeit war, ins Bett zu gehen, legte sie ihren Kopf auf den Rücken des Rehkälbchens. Das war ihr Kissen und darauf schlief sie sehr sanft. Hätte das Brüderchen nur seine menschliche Gestalt gehabt, es wäre ein herrliches Leben gewesen.

Einige Zeit lang lebten sie auf diese Art allein in der Wildnis. Es trug sich aber zu, dass der König des Landes eine große Jagd in dem Wald hielt. Laut schallten das Hörnerblasen, das Hundegebell und das lustige Geschrei der Jäger durch die Bäume. Das Rehlein hörte es und wäre gar zu gerne dabei gewesen.

„Ach!“, sprach es zu dem Schwesterlein. „Lass mich hinaus zu der Jagd, ich kann's nicht länger aushalten!“ Es bat so lange, bis sie einwilligte.

„Aber“, sprach sie zu ihm, „komm abends ja wieder. Vor den wilden Jägern schließ ich mein Türlein. Damit ich dich erkenne, klopf und sprich: ‚Mein Schwesterlein, lass mich herein!‘ Wenn du nicht so bittest, schließ ich mein Türlein nicht auf.“ Daraufhin hüpfte das Rehchen hinaus und war fröhlich und ausgelassen an der freien Luft.

Der König und seine Jäger sahen das schöne Tier und setzten ihm nach, aber sie konnten es nicht einholen. Immer wenn sie meinten, sie hätten es erwischt, sprang es über das Gebüsch und war verschwunden. Als es dunkel wurde, lief es zu dem Häuschen, klopfte und sprach: „Mein Schwesterlein, lass mich herein!“ Daraufhin öffnete sich die Tür, es sprang hindurch und ruhte sich die ganze Nacht auf seinem weichen Lager aus.

Am andern Morgen ging die Jagd von Neuem los und als das Rehlein das Jagdhorn hörte und das „Hoho!“ der Jäger, da hatte es keine Ruhe und flehte: „Schwesterlein, mach mir auf, ich muss hinaus.“ Das Schwesterchen öffnete ihm die Tür und sprach: „Aber zum Abend musst du wieder da sein und dein Sprüchlein sagen!“

Als der König und seine Jäger das Rehkitz mit dem goldenen Halsband wiedersahen, rannten sie ihm alle nach, aber es war zu schnell und behände. So blieb es den ganzen Tag lang. Abends jedoch hatten die Jäger es umzingelt und jemand verwundete es ein wenig am Bein, sodass es hinken musste und langsamer wurde. Einer der Jäger schlich ihm bis zu dem Häuschen nach, hörte, wie es rief: „Mein Schwesterlein, lass mich herein!", und sah, dass die Tür für ihn geöffnet und hinter ihm wieder zugeschlossen wurde.

Der Jäger behielt das alles gut im Kopf, ging zum König und erzählte ihm, was er gesehen und gehört hatte. Da sprach der König: „Morgen soll noch einmal gejagt werden!"

Das Schwesterchen erschrak gewaltig, als es sah, dass sein Rehkälbchen verwundet war. Es wusch ihm das Blut ab, legte Kräuter auf und sprach: „Geh auf dein Lager, liebes Rehchen, damit du wieder gesund wirst." Die Wunde war jedoch so klein, dass das Rehchen am Morgen nichts mehr davon spürte. Als es draußen wieder die Jagdhörner hörte, sprach es: „Ich kann's nicht aushalten, ich muss dabei sein! Ich werde so schnell sein, dass mich keiner kriegt."

Das Schwesterchen weinte und klagte: „Nun werden sie dich töten und ich bleibe ganz allein im Wald, ganz verlassen von aller Welt. Ich lass dich nicht hinaus."

„Dann vergeh ich dir hier vor Betrübnis", entgegnete das Rehkitz. „Wenn ich das Jagdhorn höre, so mein ich, ich müsst aus den Schuhen springen!" Dagegen konnte das Schwesterchen nichts einwenden und schloss mit schwerem Herzen die Tür auf. Das Rehchen sprang gesund und fröhlich in den Wald.

Als der König es erblickte, befahl er seinen Jägern: „Folgt ihm den ganzen Tag bis in die Nacht, aber achtet darauf, dass ihm keiner etwas zuleide tut!"

Nachdem die Sonne untergegangen war, sprach der König zum Jäger: „Nun komm und zeig mir das Waldhäuschen!"

Als er vor dem Türlein stand, klopfte er an und rief: „Lieb Schwesterlein, lass mich herein!" Schon ging die Tür auf, der König trat ein und erblickte ein Mädchen, das schöner war als alle anderen, die er bislang gesehen hatte.

Das Mädchen erschrak, als es sah, dass nicht sein Rehlein, sondern ein Mann hereinkam, der eine goldene Krone auf dem Kopf trug. Aber der König sah sehr freundlich aus, reichte dem Mädchen die Hand und sprach: „Willst du mit mir auf mein Schloss kommen und meine liebe Frau sein?"

„Ach ja", antwortete sie. „Aber das Rehchen muss auch mit, das verlasse ich nicht." Der König versprach: „Es soll bei dir bleiben, solange du lebst, und es soll ihm an nichts fehlen." Als das Rehchen hereingesprungen kam, band das Schwesterchen es wieder an das Binsenseil, nahm dieses selbst in die Hand und verließ mit ihm das Waldhäuschen. Der König hob das schöne Mädchen auf sein Pferd und führte es in sein Schloss, wo die Hochzeit mit großer Pracht gefeiert wurde. Das Schwesterchen war nun die Frau Königin und sie lebten lange Zeit vergnügt zusammen. Das Rehlein wurde gehegt und gepflegt und sprang in dem Schlossgarten herum.

Die böse Stiefmutter aber, um derentwillen die Kinder in die Welt hineingegangen waren, hatte geglaubt, das Schwesterchen wäre von den wilden Tieren im Wald zerrissen worden und Brüderchen als ein Rehkalb von den Jägern totgeschossen. Als sie nun hörte, dass die zwei so glücklich waren und es ihnen derart wohlerging, wurden Neid und Missgunst in ihrem Herzen rege und ließen ihr keine Ruhe. Sie hatte keinen anderen Gedanken als die Frage, wie sie die beiden doch noch ins Unglück stürzen könnte. Ihre leibliche Tochter, deren Herz schwarz war wie die Nacht und die nur ein Auge hatte, machte ihr Vorwürfe und sprach: „Eine Königin zu werden, das Glück hätte mir gebührt!"

„Sei nur still", sagte die Alte und versprach ihr: „Wenn's so weit ist, will ich schon bei der Hand sein."

Als nun die Zeit herangerückt war, da die Königin ein schönes Knäblein zur Welt gebracht hatte und der König gerade auf der Jagd war, nahm die alte Hexe die Gestalt der Kammerfrau an, trat in die Stube, in der die Königin lag und sprach zu ihr: „Kommt, das Bad ist fertig, das wird Euch guttun und frische Kräfte geben. Geschwind, eh es kalt wird!" Ihre Tochter war auch gekommen. Sie trugen die schwache Königin in die Badstube und legten sie in die Wanne. Dann schlossen sie die Tür ab und liefen davon. In der Badstube aber hatten sie ein wahres Höllenfeuer angezündet, sodass die schöne junge Königin bald ersticken musste.

Als das vollbracht war, nahm die Alte ihre Tochter, setzte ihr eine Haube auf und legte sie anstelle der Königin ins Bett. Sie verlieh ihr auch die Gestalt und das Aussehen der Königin. Nur das verlorene Auge konnte sie ihr nicht wiedergeben. Damit der König das nicht merkte, musste sie sich auf die Seite legen, wo sie kein Auge hatte und das Gesicht ins Kissen pressen. Am Abend, als er heimkam und hörte, dass ihm ein Söhnlein geboren war, freute er sich herzlich und wollte ans Bett seiner lieben Frau treten, um zu sehen, wie es ihr ging. Da rief die Alte geschwind: „Beileibe, lasst die Vorhänge zu, die Königin darf noch nicht ins Licht sehen und muss Ruhe haben!“ Der König ging zurück und wusste nicht, dass eine falsche Königin im Bett lag.

Als Mitternacht kam und alles schlief, sah die Kinderfrau, die in der Kinderstube neben

der Wiege saß und allein wachte, wie die Türe aufging und die wahre Königin hereintrat. Sie nahm das Kind aus der Wiege, legte es in ihren Arm und gab ihm zu trinken. Dann schüttelte sie ihm sein Kisschen auf, legte es wieder darauf und deckte es mit dem Deckbettchen zu. Sie vergaß auch das Rehchen nicht, ging in die Ecke, wo es lag, und streichelte ihm über den Rücken. Anschließend ging sie stillschweigend wieder zur Tür hinaus und die Kinderfrau fragte am anderen Morgen die Wächter, ob jemand während der Nacht ins Schloss gekommen wäre. Aber sie antworteten: „Nein, wir haben niemanden gesehen."

So kam sie viele Nächte und sprach niemals ein einziges Wort dabei. Die Kinderfrau sah sie jedes Mal, aber sie traute sich nicht, jemandem etwas davon zu berichten.

Als nun einige Zeit verflossen war, da hob die Königin in der Nacht zum Sprechen an und sagte:

„Was macht mein Kind? Was macht mein Reh?
Nun komm ich noch zweimal und dann nimmermehr."

Die Kinderfrau antwortete ihr nicht, aber als sie wieder verschwunden war, ging sie zum König und erzählte ihm alles. Da rief der König: „Ach Gott! Was ist das! Ich will in der nächsten Nacht bei dem Kind wachen.“ Abends ging er in die Kinderstube und um Mitternacht erschien wieder die Königin und sprach:

„Was macht mein Kind? Was macht mein Reh?
Nun komm ich noch einmal und dann nimmermehr.“

Sie pflegte das Kind, wie sie es gewöhnlich tat, ehe sie verschwand. Der König traute sich nicht, sie anzusprechen, aber er wachte auch in der folgenden Nacht. Sie sprach abermals:

„Was macht mein Kind? Was macht mein Reh?
Nun komm ich noch diesmal und dann nimmermehr.“

Nun konnte sich der König nicht zurückhalten, trat zu ihr und sprach: „Du kannst niemand anderes sein als meine liebe Frau!“ Da antwortete sie: „Ja, ich bin deine Frau“, und hatte in dem Augenblick das Leben wiedererhalten, war frisch, rosig und gesund. Daraufhin erzählte sie dem König die Schreckenstat, welche die böse Hexe und ihre Tochter an ihr verübt hatten. Der König ließ beide vor Gericht führen und es wurde ihr Urteil gefällt. Die Tochter wurde in den Wald verbannt, wo sie die wilden Tiere zerrissen und die Hexe wurde ins Feuer gelegt, in dem sie jämmerlich verbrannte. Als sie zu Asche zerfallen war, verwandelte sich das Rehkälbchen und erhielt seine menschliche Gestalt wieder.

So lebten Schwesterchen und Brüderchen glücklich zusammen bis an ihr Ende.

Tischchlein, deck dich, Goldesel und Knüppel aus dem Sack

Vor vielen Zeiten lebte ein Schneider, der drei Söhne hatte und nur eine einzige Ziege. Aber weil die Ziege sie alle zusammen mit ihrer Milch ernährte, musste sie gutes Futter haben und täglich hinaus auf die Weide geführt werden. Die Söhne taten das der Reihe nach. Einmal brachte sie der älteste auf den Kirchhof, wo die schönsten Kräuter standen, ließ sie da fressen und herumspringen. Abends, als es Zeit war heimzugehen, fragte er: „Ziege, bist du satt?" Die Ziege antwortete:

„Ich bin so satt,
ich mag kein Blatt, mäh! Mäh!"

„Dann komm nach Hause", sprach der Junge, fasste sie am Strickchen, führte sie in den Stall und band sie fest.

„Nun", sagte der alte Schneider, „hatte die Ziege ordentlich Futter?"

„Oh", antwortete der Sohn. „Die ist so satt, sie mag kein Blatt." Der Vater wollte sich davon selbst überzeugen, ging hinab in den Stall, streichelte das liebe Tier und fragte: „Ziege, bist du auch satt?“ Die Ziege antwortete:

„Wovon sollt ich satt sein?
Ich sprang nur über Gräbelein
und fand kein einzig Blättelein, mäh! Mäh!“

„Was muss ich da hören!“, rief der Schneider, lief hinauf und sprach zu dem Jungen: „He, du Lügner sagst, die Ziege wäre satt und hast sie hungern lassen?“ In seinem Zorn nahm er die Elle von der Wand und jagte ihn mit Schlägen hinaus.

Am nächsten Tag war die Reihe am zweiten Sohn. Er suchte an der Gartenhecke einen Platz aus, wo lauter gute Kräuter standen und die Ziege fraß sie alle ab.

Abends, als er heimwollte, fragte er: „Ziege, bist du satt?“ Die Ziege antwortete:

„Ich bin so satt,
ich mag kein Blatt, mäh! Mäh!“

„Dann komm nach Hause“, sprach der Junge, zog sie heim und band sie im Stall fest.

„Nun“, fragte der alte Schneider: „Hatte die Ziege ordentliches Futter?“

„Oh“, antwortete der Sohn. „Die ist so satt, sie mag kein Blatt.“ Der Schneider wollte sich darauf nicht verlassen, ging hinab in den Stall und fragte: „Ziege, bist du auch satt?“ Die Ziege antwortete:

„Wovon sollt ich satt sein?
Ich sprang nur über Gräbelein
und fand kein einzig Blättelein, mäh! Mäh!“

„Dieser schreckliche Bösewicht!“, schrie der Schneider. „So ein liebes Tier hungern zu lassen!“, lief hinauf und schlug mit der Elle den zweiten Jungen zur Haustür hinaus.

Die Reihe kam jetzt an den dritten Sohn, der wollte seine Sache gut erledigen, suchte Buschwerk mit dem schönsten Laub aus und ließ die Ziege daran fressen. Abends, als er heimwollte, fragte er: „Ziege, bist du auch satt?“ Die Ziege antwortete:

„Ich bin so satt,
ich mag kein Blatt, mäh! Mäh!“

„Dann komm nach Hause“, sagte der Junge, führte sie in den Stall und band sie fest.

„Nun“, fragte der alte Schneider, „hatte die Ziege ordentlich Futter?“

„Oh“, antwortete der dritte Sohn. „Die ist so satt, sie mag kein Blatt.“

Der Schneider traute ihm nicht, ging in den Stall und fragte: „Ziege, bist du auch satt?“ Das boshafte Tier antwortete:

„Wovon sollt ich satt sein?
Ich sprang nur über Gräbelein
und fand kein einzig Blättelein, mäh! Mäh!“

„Oh, diese Lügenbrut!“, rief der Schneider. „Einer so schrecklich und pflichtvergessen wie der andere! Ihr sollt mich nicht länger zum Narren halten!“ Ganz außer sich vor Zorn sprang er hinauf und verprügelte dem armen Jungen mit der Elle den Rücken so gewaltig, dass er aus dem Haus floh.

Der alte Schneider war nun mit seiner Ziege allein. Am andern Morgen ging er hinab in den Stall, liebkoste die Ziege und sprach: „Komm, mein liebes Tierlein, ich will dich selbst zur Weide führen.“ Er nahm sie am Strick und brachte sie zu grünen Hecken und unter Schafrippe und was sonst die Ziegen gerne fressen. „Da kannst du dich einmal nach Herzenslust sättigen“, sprach er zu ihr und ließ sie weiden bis zum Abend. Da fragte er: „Ziege, bist du satt?“ Sie antwortete:

„Ich bin so satt,
ich mag kein Blatt, mäh! Mäh!“

„Dann komm nach Hause“, sagte der Schneider, führte sie in den Stall und band sie fest. Bevor er wegging, drehte er sich noch einmal um und sagte: „Nun bist du doch einmal satt!“ Aber die Ziege verhielt sich bei ihm nicht besser und rief:

„Wovon sollt ich satt sein?
Ich sprang nur über Gräbelein
und fand kein einzig Blättelein, mäh! Mäh!“

Als der Schneider das hörte, stutzte er und erkannte, dass er seine drei Söhne ohne Grund verstoßen hatte.

„Na warte!“, rief er. „Du undankbares Geschöpf, dich fortzujagen, ist noch zu wenig. Ich will dich derart verhauen, dass du dich unter ehrbaren Schneidern nicht mehr sehen lassen kannst.“ In großer Hast sprang er hinauf, holte sein Bartmesser, seifte der Ziege den Kopf ein und schor sie so glatt wie seine flache Hand. Und weil die Elle zu ehrenvoll gewesen wäre, holte er die Peitsche und versetzte ihr solche Hiebe, dass sie in gewaltigen Sprüngen davonlief.

Der Schneider, als er so ganz einsam in seinem Haus saß, verfiel nun in große Traurigkeit und hätte seine Söhne gerne wiedergehabt, aber niemand wusste, wohin sie verschwunden waren.

Der älteste war zu einem Schreiner in die Lehre gegangen. Hier lernte er fleißig und unverdrossen und als die Zeit gekommen war, dass er wandern sollte, schenkte ihm der Meister ein Tischchen, das gar kein besonderes Ansehen hatte und von gewöhnlichem Holz war. Aber es hatte eine gute Eigenschaft. Wenn man es hinstellte und sprach: „Tischlein, deck dich!", so war das gute Tischchen auf einmal mit einem sauberen Tüchlein bedeckt und darauf standen ein Teller samt Messer und Gabel und Schüsseln mit Gesottenem und Gebratenem, so viele, wie Platz war. Und ein großes Glas mit rotem Wein leuchtete so kräftig, dass einem das Herz lachte. Der junge Gesell dachte: „Damit hast du genug für dein Lebtag", zog guter Dinge in der Welt umher und kümmerte sich gar nicht darum, ob ein Wirtshaus gut oder schlecht und ob etwas darin zu finden war oder nicht. Wenn ihm nicht danach war, kehrte er gar nicht ein, sondern blieb einfach im Feld, im Wald, auf einer Wiese, wo er Lust hatte, nahm sein Tischchen vom Rücken, stellte es vor sich und sprach: „Deck dich!" Schon war alles da, was sein Herz begehrte. Endlich beschloss er, dass er zu seinem Vater zurückkehren wollte. Dessen Zorn hatte sich sicher gelegt und mit dem „Tischleindeckdich" würde er ihn gerne wieder aufnehmen.

Es trug sich zu, dass er auf dem Heimweg abends in ein Wirtshaus kam, das mit Gästen angefüllt war. Sie hießen ihn willkommen und luden ihn ein, sich zu ihnen zu setzen und mit ihnen zu essen, sonst würde er schwerlich noch etwas bekommen.

„Nein", antwortete der Schreiner. „Die paar Bissen will ich euch nicht wegnehmen, lieber sollt ihr meine Gäste sein." Sie lachten und meinten, er treibe seinen Spaß mit ihnen. Er aber stellte sein hölzernes Tischlein mitten in die Stube und sprach: „Tischlein, deck dich!" Augenblicklich war es mit Speisen besetzt, so gut, wie sie der Wirt nicht hätte herbeischaffen können und von denen der Geruch den Gästen lieblich in die Nase stieg.

„Zugegriffen, liebe Freunde!", sprach der Schreiner und als die Gäste erkannten, wie es gemeint war, ließen sie sich nicht zweimal bitten, rückten heran, zogen ihre Messer und griffen herzhaft zu. Was sie am meisten verwunderte, war, dass wenn eine Schüssel leer geworden war, sich gleich von selbst eine volle an ihren Platz stellte.

Der Wirt stand in einer Ecke und sah den Dingen zu. Er wusste gar nicht, was er sagen sollte, dachte aber: „Einen solchen Koch könntest du in deiner Wirtschaft gut brauchen."

Der Schreiner und seine Gesellschaft hatten viel Spaß bis in die späte Nacht. Erst dann endlich legten sie sich schlafen. Auch der junge Geselle ging zu Bett und stellte sein Wunschtischchen an die Wand. Dem Wirt aber ließen seine Gedanken keine Ruhe. Ihm fiel ein, dass in seiner Rumpelkammer ein altes Tischchen stand, das geradeso aussah wie jenes des Schreinerburschen. Das holte er ganz leise herbei und vertauschte es mit dem Wünschtischchen.

Am nächsten Morgen zahlte der Schreiner, packte sein Tischchen, dachte gar nicht daran, dass er ein falsches haben könnte, und ging seiner Wege. Zu Mittag kam er bei seinem Vater an, der ihn mit großer Freude empfing. „Nun, mein lieber Sohn, was hast du gelernt?", fragte er ihn.

„Vater, ich bin ein Schreiner geworden."

„Ein gutes Handwerk", erwiderte der Alte. „Aber was hast du von deiner Wanderschaft mitgebracht?"

„Vater, das Beste, was ich mitgebracht habe, ist das Tischchen." Der Schneider betrachtete es von allen Seiten und sagte: „Damit hast du kein Meisterstück gemacht, das ist ein altes und schlechtes Tischchen."

„Aber es ist ein ‚Tischleindeckdich'", erwiderte der Sohn. „Wenn ich es hinstelle und sage, es solle sich decken, so stehen gleich die schönsten Gerichte darauf und ein Wein dazu, der das Herz erfreut. Lade nur alle Verwandte und Freunde ein, die sollen sich einmal richtig vollstopfen und freuen, denn das Tischchen macht sie alle satt."

Als die Gesellschaft beisammen war, stellte er sein Tischchen mitten in die Stube und sprach: „Tischlein, deck dich!" Aber das Tischchen regte sich nicht und blieb so leer wie ein anderer Tisch, der die Sprache nicht versteht. Da merkte der arme Geselle, dass jemand es ausgetauscht hatte, und schämte sich, dass er wie ein Lügner dastand. Die Verwandten lachten ihn aus und mussten durstig und hungrig wieder heimwandern. Der Vater holte seine Lappen herbei und schneiderte fort, der Sohn aber ging bei einem Meister in die Arbeit.

Der zweite Sohn war zu einem Müller gekommen und bei ihm in die Lehre gegangen. Als seine Lehrjahre vorbei waren, sprach der Meister: „Weil du dich so gut gemacht hast, schenke ich dir einen Esel von einer besonderen Art. Er zieht nicht am Wagen und trägt auch keine Säcke."

„Wozu ist er denn nütze?", fragte der junge Geselle.

„Er spuckt Gold", antwortete der Müller, „Wenn du ihn auf ein Tuch stellst und sprichst: ‚Bricklebrit!', so spuckt dir das gute Tier Goldstücke aus, hinten und vorn."

„Das ist eine schöne Sache", sprach der Geselle, dankte dem Meister und zog in die Welt. Wenn er Gold benötigte, musste er nur zu seinem Esel „Bricklebrit!“ sagen, schon regnete es Goldstücke und er hatte weiter keine Mühe, als sie von der Erde aufzuheben. Wo er hinkam, war ihm das Beste gut genug und je teurer, desto besser, denn er hatte immer einen vollen Beutel.

Als er sich eine Zeit lang in der Welt umgesehen hatte, dachte er: „Du musst deinen Vater aufsuchen. Wenn du mit dem Goldesel kommst, wird er seinen Zorn vergessen und dich gut aufnehmen.“

Es geschah nun, dass er in dasselbe Wirtshaus geriet, in welchem seinem Bruder das Tischchen geklaut worden war. Er führte seinen Esel an der Hand und der Wirt wollte ihm das Tier abnehmen und anbinden, der junge Geselle aber sprach: „Macht Euch keine Mühe, meinen Grauschimmel führe ich in den Stall und binde ihn auch selbst an, denn ich muss wissen, wo er steht.“ Dem Wirt kam das sonderbar vor und er meinte, einer, der seinen Esel selbst versorgen müsste, hätte nicht viel zu geben. Aber als der Fremde in die Tasche griff, zwei Goldstücke herausholte und sagte, er solle nur etwas Gutes für ihn einkaufen, riss er die Augen weit auf, lief und suchte das Beste, das er auftreiben konnte.

Nach der Mahlzeit fragte der Gast, was er schuldig wäre. Der Wirt wollte die doppelte Bezahlung nicht sparen und sagte, noch ein paar Goldstücke müsste er zulegen. Der Geselle griff in die Tasche, aber sein Geld war eben zu Ende. „Wartet einen Augenblick, Herr Wirt", sprach er. „Ich will schnell gehen und Gold holen!" Dazu nahm er aber das Tischtuch mit. Der Wirt wusste nicht, was das heißen sollte.

Weil er neugierig war, schlich er ihm nach, und da der Gast die Stalltür zuriegelte, lugte er durch ein Astloch. Der Fremde breitete unter dem Esel das Tuch aus und rief „Bricklebrit!" Augenblicklich fing das Tier an, Gold zu spucken, von hinten und von vorne, sodass es ordentlich auf die Erde herabregnete.

„He, der Tausend!", sagte der Wirt. „Das ist ja ein ganzer Berg! So ein Geldbeutel ist nicht übel!"

Der Gast bezahlte seine Zeche und legte sich schlafen. Der Wirt aber schlich in der Nacht herab in den Stall, führte den Münzmeister weg und band einen anderen Esel an seine Stelle. Am folgenden Morgen in der Frühe zog der Geselle mit seinem Esel ab und glaubte, er hätte seinen Goldesel.

Mittags kam er bei seinem Vater an, der sich freute, als er ihn wiedersah, und ihn gerne aufnahm. „Was ist aus dir geworden, mein Sohn?", fragte der Alte. „Ein Müller, lieber Vater", antwortete er.

„Was hast du von deiner Wanderschaft mitgebracht?"

„Weiter nichts als einen Esel."

„Esel gibt's hier genug", sagte der Vater. „Da wäre mir doch eine gute Ziege lieber gewesen."

„Ja", erwiderte der Sohn, „aber es ist kein gewöhnlicher Esel, sondern ein Goldesel. Wenn ich ‚Bricklebrit!' rufe, spuckt Euch das gute Tier ein ganzes Tuch voll Goldstücke. Lasst nur alle Verwandten herbeirufen, ich mache sie alle zu reichen Leuten."

„Das will ich sofort tun!", rief der Schneider. „Dann brauch ich mich mit der Nadel nicht weiter zu quälen." Er ging gleich los und rief die Verwandten herbei.

Sobald sie beisammen waren, bat der Müller sie, Platz zu machen, breitete sein Tuch aus und brachte den Esel in die Stube. „Jetzt gebt acht!", sagte er und rief: „Bricklebrit!" Aber es waren keine Goldstücke, was da herabfiel und es zeigte sich, dass das Tier nichts von der Kunst verstand, denn nicht jeder Esel bringt es so weit. Da zog der arme Müller ein langes Gesicht, sah, dass er betrogen worden war und bat die Verwandten um Verzeihung, die so arm heimgingen, wie sie gekommen waren. Es blieb nichts übrig: Der Alte musste wieder zu der Nadel greifen und der Junge bei einem Müller arbeiten.

Der dritte Bruder war bei einem Drechsler in die Lehre gegangen und weil es ein kunstreiches Handwerk ist, musste er am längsten lernen. Seine Brüder meldeten ihm in einem Brief, wie schlimm es ihnen ergangen war und wie der Wirt sie am letzten Abend um ihre schönen Wunderdinge gebracht hatte.

Als der Drechsler ausgelernt hatte und ebenfalls wandern sollte, schenkte ihm sein Meister, weil er sich so gut gemacht hatte, einen Sack und sagte: „Es liegt ein Knüppel darin."

„Den Sack kann ich umhängen und er kann mir gute Dienste leisten, aber was soll der Knüppel darin? Der macht ihn nur schwer."

„Das will ich dir sagen", entgegnete der Meister. „Hat dir jemand etwas zuleide getan, so sprich nur: ‚Knüppel, aus dem Sack!', schon springt der Knüppel heraus unter die Leute und tanzt ihnen so lustig auf dem Rücken herum, dass sie sich acht Tage lang nicht regen und bewegen können. Damit hört er nicht auf, bis du sagst: ‚Knüppel, in den Sack!'"

Der Geselle dankte ihm, hängte den Sack um und wenn ihm jemand an den Leib wollte, so sprach er: „Knüppel, aus dem Sack!" Sofort sprang der Knüppel heraus und klopfte einem nach dem anderen die Hose oder das Hemd gleich auf dem Rücken aus und wartete nicht erst, bis jemand sich ausgezogen hatte. Das ging so geschwind, dass, ehe sich's einer versah, die Reihe schon an ihm war.

Der junge Drechsler gelangte zur Abendzeit in das Wirtshaus, wo seine Brüder betrogen worden waren. Er legte seinen Ranzen vor sich auf den Tisch und fing an zu erzählen, was er alles Merkwürdiges in der Welt gesehen habe. „Ja", sagte er, „man findet wohl ein Tischleindeckdich, einen Goldesel und dergleichen lauter gute Dinge, die ich nicht verachte. Aber das ist alles nichts gegen den Schatz, den ich mir erworben habe und mit mir da in meinem Sack führe."

Der Wirt spitzte die Ohren. „Was in aller Welt mag das sein?", dachte er. „Der Sack ist wohl mit lauter Edelsteinen angefüllt. Den sollte ich mir auch noch schnappen, denn aller guten Dinge sind drei."

Als Schlafenszeit war, streckte sich der Gast auf die Bank und legte seinen Sack als Kopfkissen unter sich. Als der Wirt meinte, der junge Mann läge in tiefem Schlaf, ging er zu ihm

und zerrte und zog ganz sacht und vorsichtig an dem Sack, darauf hoffend, dass er ihn vielleicht wegziehen und gegen einen anderen eintauschen könnte. Der Drechsler aber hatte darauf gewartet.

Als der Wirt einen herzhaften Ruck tun wollte, rief er: „Knüppel, aus dem Sack!“ Schon fuhr das Knüppelchen heraus, dem Wirt auf den Leib und hieb so schnell und fest auf ihn ein, dass dem Kerl Hören und Sehen verging. Der Wirt rief zum Erbarmen, aber je lauter er schrie, desto kräftiger schlug der Knüppel ihm den Takt dazu auf den Rücken, bis er endlich erschöpft zur Erde fiel. Da sagte der Drechsler: „Wenn du das Tischleindeckdich und den Goldesel nicht wieder herausgibst, soll der Tanz von Neuem losgehen!“

„Ach nein!“, rief der Wirt ganz kleinlaut. „Ich gebe alles gerne wieder heraus, lasst nur den verwünschten Kobold wieder in den Sack kriechen.“

„Ich will Gnade vor Recht ergehen lassen, aber hüte dich vor Schaden!“, sagte der Drechsler. Dann befahl er: „Knüppel, in den Sack!“, und ließ ihn ruhen.

Der Drechsler zog am folgenden Morgen mit dem Tischleindeckdich und dem Goldesel heim zu seinem Vater. Der Schneider freute sich, als er ihn wiedersah, und fragte auch ihn, was er in der Fremde gelernt hätte.

„Lieber Vater“, antwortete er. „Ich bin ein Drechsler geworden.“

„Ein kunstreiches Handwerk“, lobte der Vater. „Was hast du von der Wanderschaft mitgebracht?“

„Ein kostbares Stück, lieber Vater“, antwortete der Sohn. „Einen Knüppel in dem Sack.“

„Was?", rief der Vater. „Einen Knüppel? Das ist der Mühe nicht wert! Den kannst du dir von jedem Baum abhauen."

„Aber einen solchen nicht, lieber Vater. Sage ich: ‚Knüppel aus dem Sack!', springt der Knüppel heraus und macht mit dem, der es nicht gut mit mir meint, einen schlimmen Tanz. Er lässt nicht ab, bis der Bösewicht auf der Erde liegt und um Vergebung bittet. Seht Ihr, mit diesem Knüppel habe ich das Tischleindeckdich und den Goldesel wieder herbeigeschafft, die der diebische Wirt meinen Brüdern abgenommen hatte. Jetzt lasst sie beide rufen und ladet alle Verwandten ein, wir wollen sie speisen und tränken und ihnen die Taschen mit Gold füllen." Der alte Schneider konnte das nicht recht glauben, brachte aber doch die Verwandten zusammen.

Da deckte der Drechsler ein Tuch in die Stube, führte den Goldesel herein und sagte zu seinem Bruder: „Nun, lieber Bruder, sprich mit ihm!" Der Müller rief: „Bricklebrit!", und augenblicklich sprangen die Goldstücke auf das Tuch herab, als käme ein Platzregen. Der Esel hörte nicht auf, bis alle so viel hatten, dass sie nicht mehr tragen konnten. (Ich sehe es dir an, du wärst auch gerne dabei gewesen!)

Dann holte der Drechsler das Tischchen und sagte: „Lieber Bruder, nun sprich mit ihm!" Kaum hatte der Schreiner „Tischlein, deck dich!" befohlen, so war es gedeckt und mit den schönsten Schüsseln reichlich bestückt. Da wurde eine Mahlzeit gehalten, wie der gute Schneider noch keine in seinem Hause erlebt hatte und die ganze Verwandtschaft blieb beisammen bis in die Nacht und alle waren fröhlich und vergnügt. Der Schneider schloss Nadel und Zwirn, Elle und Bügeleisen in einen Schrank und lebte mit seinen drei Söhnen in Freude und Herrlichkeit.

Wo ist aber die Ziege hingekommen, die schuld daran war, dass der Schneider seine drei Söhne fortjagte? Das will ich dir sagen. Sie schämte sich, dass sie einen kahlen Kopf hatte, lief in eine Fuchshöhle und verkroch

sich darin. Als der Fuchs nach Hause kam, funkelten ihm ein paar große Augen aus der Dunkelheit entgegen, weshalb er erschrak und wieder zurücklief.

Der Bär begegnete ihm und da der Fuchs ganz verstört aussah, fragte er: „Was ist mit dir, Bruder Fuchs, was machst du für ein Gesicht?"

„Ach", antwortete der Rote. „Ein grimmiges Tier sitzt in meiner Höhle und hat mich mit feurigen Augen angeglotzt."

„Das wollen wir gleich austreiben!", sprach der Bär, ging mit zu der Höhle und schaute hinein. Aber als er die feurigen Augen erblickte, überkam ihn ebenfalls die Furcht. Er wollte mit dem grimmigen Tier nichts zu tun haben und nahm Reißaus.

Die Biene begegnete ihm und da sie merkte, dass ihm in seiner Haut nicht wohl zumute war, fragte sie: „Bär, du machst ja ein gewaltig verdrießliches Gesicht, wo ist deine Lustigkeit geblieben?"

„Du hast gut reden", antwortete der Bär. „Es sitzt ein grimmiges Tier mit Glotzaugen in dem Haus des Roten und wir können es nicht herausjagen."

Die Biene sprach: „Du tust mir leid, Bär. Ich bin ein armes, schwaches Geschöpf, das ihr beim Vorbeigehen nicht anguckt, aber ich glaube, dass ich euch helfen kann."

Sie flog in die Fuchshöhle, setzte sich der Ziege auf den blanken Kopf und stach sie so gewaltig, dass diese aufsprang, „Mäh! Mäh!" schrie und wie wild in die Welt davonstürmte. Bis zu dieser Stunde weiß niemand, wo sie hingelaufen ist.